ILUSTRAÇÕES
DA LÓGICA DA CIÊNCIA

CHARLES SANDERS PEIRCE

ILUSTRAÇÕES DA LÓGICA DA CIÊNCIA

Tradução e introdução
Renato Rodrigues Kinouchi

Editora
IDEIAS&
LETRAS

Diretor Editorial:
Marcelo C. Araújo

Coordenação editorial:
Ana Lúcia de Castro Leite

Editores:
Avelino Grassi
Márcio F. dos Anjos

Revisão:
Leila Cristina Dinis Fernandes

Diagramação:
Juliano de Sousa Cervelin

Tradução:
Renato Rodrigues Kinouchi

Capa:
Angela Mendes

Coleção Filosofia e História da Ciência dirigida por Pablo Mariconda

Título original: *Illustrations of the Science Logic*, extraído de *The essential Peirce – Select Philosophical Writings*
© 1992 Indiana University Press

Todos os direitos em língua portuguesa, para o Brasil, reservados à Editora Ideias & Letras, 2021.

2ª reimpressão

EDITORA IDEIAS & LETRAS

Rua Barão de Itapetininga, 274
República - São Paulo/SP
Cep: 01042-000 – (11) 3862-4831
Televendas: 0800 777 6004
vendas@ideiaseletras.com.br
www.ideiaseletras.com.br

Dados Internacionais de Catalogação na Publicação (CIP)
(Câmara Brasileira do Livro, SP, Brasil)

Peirce, Charles Sanders, 1839-1914.
Ilustrações da lógica da ciência / Charles Sanders Peirce; tradução e introdução de Renato Rodrigues Kinouchi.
Aparecida, SP: Ideias & Letras, 2008.

Título original: *The essential Peirce: selected philosophical writings*.
ISBN 978-85-98239-92-7

1. Ciência 2. Filosofia I. Kinouchi, Renato Rodrigues. II. Título.

| 07-8936 | CDD-191 |

Índices para catálogo sistemático:
1. Filosofia norte-americana 191

Sumário

Introdução:
A lógica da ciência em Charles Sanders Peirce..................7

1. A fixação da crença..................31

2. Como tornar nossas ideias claras..................57

3. A doutrina dos acasos..................87

4. A probabilidade de indução..................111

5. A ordem da natureza..................137

6. Dedução, indução e hipótese..................165

Referências bibliográficas..................191

Introdução

Renato Rodrigues Kinouchi[1]

A lógica da ciência em Charles Sanders Peirce

É com satisfação que apresentamos ao público brasileiro a tradução integral da série de seis ensaios coletivamente intitulados *Ilustrações da Lógica da Ciência*, publicados no periódico norte-americano *Popular Science Monthly*, entre os anos de 1877 e 1878. Esta tradução foi feita a partir de Houser & Kloesel, *The essential Peirce – selected philosophical writings* (1992).

De fato, são bem conhecidos os dois primeiros destes ensaios — "A fixação da crença" e "Como tornar nossas ideias claras" — já havendo tradução deles para o português. Mas os quatro restantes — "A doutrina dos acasos", "A probabilidade da indução", "A ordem da natureza" e "Dedução, indução, e hipótese" — são peças que vêm sendo negligenciadas há algum tempo. Isso porque, embora esses textos

---

[1] Professor da Universidade Federal do ABC (UFABC) e pesquisador em nível de pós-doutoramento junto ao Departamento de Filosofia da FFLCH/USP. Agradeço à FAPESP o apoio por meio de bolsa de pós-doc.

tenham aparecido originalmente em conjunto, as coletâneas posteriores nem sempre respeitaram a unidade que os amalgama, costumando incluir apenas os dois primeiros, os mais famosos.²

Oferecemos o conjunto completo por ao menos dois motivos. Do ponto de vista historiográfico, esses ensaios constituem o primeiro esboço do pragmatismo filosófico tal como Peirce o concebia. Caso o leitor tenha interesse em conhecer o pragmatismo original, a salvo dos lugares-comuns que comentadores lhe imputaram ao longo do século XX, deve mesmo ir direto a Peirce, e não se verá decepcionado. Perceberá que a tal máxima pragmática — a de considerar os efeitos práticos sensíveis dos conceitos intelectuais — não se exaure em algum tipo de utilitarismo ético brotado em solo ianque. Mais acertadamente, verá nessa máxima um método de investigação de natureza experimental oriundo da ciência. Se de alguma maneira é utilitário, o é porque uma das atribuições da ciência consiste em revelar a fecundidade e aplicabilidade de uma ideia.³ Pragmatismo é uma questão de otimização da economia do raciocínio e, quando se circunscreve a esse terreno, é uma doutrina filosófica bem razoável.⁴

Além do valor historiográfico, as *Ilustrações* podem ter uma outra função, mais didática, pois formam uma espécie de coletânea de aulas dirigidas a um público amplo, não estritamente profissionalizado. São textos curtos e relativamente fáceis — o quanto se possa dizer isso de Peirce —, favorecendo sua utilização em sala de aula, em especial naqueles cursos que se voltam para temas da filosofia da ciência. Com destaque, o último ensaio da série, "Dedução, indução, e hipótese",

---

2 Exceção feita ao excelente primeiro volume da coleção *The essential Peirce: Selected philosophical writings*. Indiana: Indiana University Press, 1992.

3 Em outros termos, o pragmatismo peirceano concerne aos valores cognitivos engendrados na atividade científica. Entre esses valores encontram-se: adequação empírica, consistência, simplicidade, certeza e principalmente fecundidade dos conceitos e teorias. Para uma análise pormenorizada do papel dos valores na ciência, ver Hugh Lacey, *Valores e atividade científica*. São Paulo: Discurso Editorial/FAPESP, 1998.

4 O pragmatismo torna-se problemático quando é misturado aos ditos valores sociais. Demandas humanitárias, de elevado peso ético, realmente não carecem de justificativas pragmáticas. Por exemplo, se a quebra de patente de um determinado medicamento salvará vidas em países subdesenvolvidos, não há por que aditar qualquer razão pragmática. Alegue-se, sem mais delongas, o cumprimento aos direitos humanos, e pronto.

onde se diferenciam três tipos de inferência lógica que, por ser direto e sistemático, poderia ser utilizado nos semestres mais iniciais de um curso de graduação em ciências ou filosofia. Já o terceiro e o quarto ensaios, "A doutrina dos acasos" e "A probabilidade da indução", lidam com o sempre espinhoso problema do raciocínio probabilístico, o que estimulará os estudantes avançados.

1. Breves considerações biográficas

Mas, afinal, quem foi Charles Sanders Peirce (1839-1914)? O que o habilita a nos oferecer ilustrações do raciocínio científico? Se é mais conhecido como o *pai* da semiótica, por que se haveria de dar-lhe ouvidos no campo da filosofia da ciência?

Charles S. Peirce era o segundo filho de um afamado matemático e astrônomo, Benjamin Peirce, professor em Harvard entre os anos de 1833 e 1880. A influência de Benjamin sobre o desenvolvimento intelectual do filho foi marcante. Em certa passagem, Charles testemunha que praticamente "morou num laboratório desde a idade de seis anos até bem depois da maturidade e, tendo toda uma vida relacionada com experimentalistas, sempre teve a sensação de compreendê-los e de ser por eles compreendido" (Peirce, 2000 [1905], p. 282). Em 1863, bacharelou-se em química, *summa cum laude*. Mas desde 1859 já trabalhava na primeira agência de pesquisas americana, a *Geodetic and Coast Survey*, que era dirigida por Benjamin Peirce.

Entre os trabalhos propriamente científicos aos quais o jovem se dedicava encontram-se experimentos de fotometria — ramo da Física que trata da medição da intensidade da luz — junto ao *Harvard College Observatory*, cujos anais incluem suas *Photometric Researches*, de 1878. Peirce desenvolvia também aparatos experimentais de precisão, mais especificamente pêndulos gravitacionais,[5] para medições da gravidade terrestre — pois, como nosso planeta não é de fato esférico e como a

---

[5] Na verdade ficou famoso por projetar um modelo de pêndulo cuja precisão superava o europeu da época (Cf. Eisele, 1981, p. 482-8).

distribuição da massa não é exatamente homogênea, aparecem diferenças nas medidas em diferentes lugares. Além disso, também se empenhava na determinação do padrão-metro em termos do comprimento de onda da luz. Foi realmente um cientista profissional, eleito para diversas sociedades científicas — por exemplo, *American Academy of Arts and Sciences, National Academy of Sciences, International Geodetic Association* e *London Mathematical Society.* Suas atribuições proporcionavam rico intercâmbio — cinco viagens à Europa como emissário da *Geodetic and Coast Survey* entre os anos de 1870 e 1883. Um sumário detalhado das realizações de Peirce como pesquisador experimental pode ser encontrado no *Dictionary of scientific biography* de C. C. Gillispie (1981).

Entretanto, sua verdadeira vocação, entendida como aquilo que mais absorvia sua atenção, era certamente a lógica e a metodologia científica. E as duas coisas não se dissociam. Em diversos momentos, Peirce ilustra como os avanços da ciência correm *pari passu* com os avanços da lógica.

Nesse sentido, todo o trabalho de ciência, importante o suficiente para ser recordado por umas poucas gerações, fornece alguma ilustração do estado defeituoso da arte de raciocinar da época em que foi escrito; e cada passo importante na ciência tem sido uma lição de lógica (p. 8).

Por isso, quando oferece *Ilustrações da lógica da ciência*, suas análises vêm consubstanciadas com aplicações e casos historicamente representativos.

Mas, se foi Peirce um pensador notável, por que será que ele quase sempre aparece na filosofia contemporânea como uma figura extemporânea? Por que costumeiramente é visto como um *outsider*?[6]

A primeira e menos convincente razão é que tenha sido obliterado pela figura magnética de William James, que reconhecidamente tornou--se mundialmente famoso. Muito pelo contrário, se dependesse da opinião e do carisma de James, Peirce teria sido considerado o maior

---

6 Para dar um exemplo, numa das mais representativas coletâneas brasileiras de artigos dirigidos ao pragmatismo, a saber, aquela organizada por P. R. M. Pinto e intitulada *Filosofia analítica, pragmatismo e ciência*, 1998, que junta vinte e três artigos, se não fosse pelas duas intervenções das senhoras Susan Haack , "Quanto àquela frase, estudando com um espírito literário", e Theresa Clavet de Magalhães, "Sobre a percepção e a abdução: Charles S. Peirce e a uberdade da abdução", o filósofo haveria passado em branco.

Introdução | 11

gênio que a América produziu, pois James nunca fez segredo sobre o talento de Peirce. Mais provável é que, com o passar dos anos, os elementos idiossincráticos acabaram conturbando sua carreira acadêmica. Pelos relatos, era um sujeito impulsivo, até de difícil trato. Ninguém duvidava de que era um profissional do mais alto nível, mas, como colega de trabalho, não era exatamente o mais recomendado.[7] Pesava contra ele um divórcio rumoroso — separara-se de Harriet Melusina Fay, pessoa de respeitada origem social — e na época isso podia ter consequências graves. Dizem ainda que tinha dificuldade em manejar suas finanças, fazia planos ambiciosos que não davam retorno e acabava incorrendo em dívidas (cf. Kuklick, 1977, p. 123-6).

Algumas dessas idiossincrasias — somadas ao fato de que os Estados Unidos atravessaram uma depressão econômica pouco antes da virada do século XX — formam o contexto de um isolamento profissional progressivo. Em 1888, passou a residir em uma casa de campo em Milford, na Pensilvânia, batizada com o nome de *Arisbe*, nome que, originalmente, era de uma colônia da cidade de Mileto, lar dos primeiros filósofos gregos: Tales, Anaximandro e Anaxímenes. Imaginava que essa propriedade poderia fornecer boa renda, e que começaria vida nova com sua segunda esposa, Juliette Pourtalai. Do ponto de vista de sua produção filosófica, foi um período dos mais produtivos. E sua reputação em Cambridge continuava sólida, sendo convidado a palestrar.

Mas também fica a impressão de que sua obra foi ganhando tal volume e tal extensão que requeria do filósofo e de seus possíveis interlocutores uma absorção quase completa. E Peirce não obtivera êxito do ponto de vista editorial. Embora publicasse inúmeros textos esparsos, resenhas, entradas de dicionário, relatórios técnicos etc., não encontrou acolhimento para algum tipo de tratado que reunisse sua filosofia.

Faleceu em 1914, aos 75 anos. Deixou como legado, junto ao acervo da Universidade Harvard, mais de 80.000 (oitenta mil) páginas manuscritas. A mais ambiciosa edição cronológica de sua obra, *Writings*

---

[7] Para um panorama geral do ambiente acadêmico norte-americano na área de filosofia, consultar B. Kuklick, 1977. Ver também Menand (2001) acerca dos encontros entre Peirce e James na época em que fundaram o chamado *Metaphysical club*, um sarau filosófico.

of Charles Peirce, que vem sendo publicada pela *Indiana University Press*, conta atualmente com seis volumes, de um total previsto de trinta.

2. Seis ensaios populares

Em "A fixação da crença", ensaio que abre esta coletânea, Peirce apresenta sua concepção de que todo pensamento é uma forma de investigação (*inquiry*). Entretanto, o filósofo parte da constatação de que há dois estados mentais distintos em nosso pensamento: o estado de dúvida, quando não temos crença alguma que nos satisfaça; e o estado de crença, quando há uma crença que satisfaz nossas indagações. "A dúvida é um estado de desconforto e insatisfação do qual lutamos para nos libertar e para passar ao estado de crença; enquanto este último é um estado calmo e satisfatório que não desejamos evitar, ou mudar para uma crença em outra coisa qualquer" (p. 41). Com efeito, a investigação tem o objetivo de extinguir uma dúvida, pondo em seu lugar uma crença, pois que "a irritação da dúvida causa um grande esforço no sentido de se alcançar um estado de crença" (p. 43). Posto isso, são então apresentados quatro métodos pelos quais uma crença pode substituir um estado de dúvida.

O primeiro deles é o método da tenacidade, que consiste em confiar inteiramente nas crenças individuais já estabelecidas e rejeitar o que quer que venha a abalar esse sistema de crenças. Em termos prosaicos, trata-se de uma espécie de teimosia individualista. Só que esse primeiro método, com muita frequência, entra em conflito com um segundo, o método da autoridade. Crenças institucionais, relativas à vida em comunidade, opõem-se, em muitos assuntos, à tenacidade individual. Nesse caso, a dúvida deve ser substituída pela opinião da autoridade. E, não raramente, os descontentes com tal opinião, os que ainda irritam a autoridade com suas dúvidas, ou se calam ou correm o risco de morte. Mas há ainda um terceiro método de pôr fim a uma dúvida, um método mais racional, mas que compartilha, de certa forma, com algumas características autoritárias, embora de maneira bem menos cruel. É o método *apriorístico*, que consiste em cessar a dúvida adotando-se crenças concordantes com a razão. Isso é certamente um avanço, pois se utilizam recursos intelectuais mais generosos do que os dos métodos anteriores. Mas Peirce nota que tais crenças racionais não concordam necessariamente com a experiência, e sim, com aquilo que raciocinamos, com nossas verdades racionais. O método apriorístico, assim:

> Faz da investigação algo similar ao desenvolvimento do gosto; mas o gosto, infelizmente, é sempre mais ou menos uma questão de moda e, assim, os metafísicos nunca chegaram a fixar qualquer acordo, de modo que o pêndulo das opiniões tem balançado para um lado e para o outro desde os tempos mais remotos até os mais recentes, entre uma filosofia mais material e uma mais espiritual (p. 50).

Ou seja, as oscilações da opinião racional acabam reproduzindo, por assim dizer, a própria dinâmica pendular dos gostos racionais.

Para o pragmatista faz-se necessário recorrer a um quarto método, que não se baseie na tenacidade individual, nem na coerção da autoridade e tampouco sobre qualquer questão de gosto, mesmo que racional. Nas palavras de Peirce:

> Para satisfazer as nossas dúvidas, por conseguinte, é necessário que se encontre um método pelo qual as nossas crenças possam ser causadas por algo em nada humano, mas por alguma permanência externa — por alguma coisa sobre a qual o nosso pensar não tenha efeito (p. 51).

Esse quarto método é, na concepção do pragmatista, o método científico, cuja hipótese fundamental seria a de que:

> [...] existem coisas reais, cujos caracteres são inteiramente independentes de nossas opiniões acerca delas. Essas realidades afetam nossos sentidos segundo leis regulares e, embora nossas sensações sejam tão diferentes quanto o são nossas relações com os objetos, contudo, aproveitando das leis da percepção, podemos averiguar pelo raciocínio como as coisas realmente são, e qualquer homem, se possuir suficiente experiência e raciocinar o bastante sobre o assunto, será levado à conclusão verdadeira (p. 52).

A *realidade* é tomada como objeto da investigação científica; não obstante, também se leva em conta que há algo de intrinsecamente perceptual no processo. Não se deve concluir, entretanto, que a ciência é uma prática absolutamente subjetiva. Pois é dito que qualquer investigador que bem adotar o método científico, fazendo parte do que se poderia chamar de comunidade idealmente científica, deve independentemente convergir em direção à verdade. Ainda assim, a verdade não é, exata e exclusivamente, aquilo sobre o que os especialistas concordam no momento. Em linguagem geométrica, se o desenvolvimento do conhecimento fosse descrito por uma curva, então, no limite, tal curva se aproximaria de uma assíntota, que representaria a verdade externa permanente. Reconhece-se, então, que existem divergências atuais, mas isso não exclui a noção de convergência futura, ideal. Aliás, tal convergência, em alguns casos, já é praticamente presente. Que a água ferve sob determinadas condições de temperatura e pressão é uma crença que qualquer pesquisador há de concordar, "se tiver experiência suficiente e raciocinar bastante sobre o assunto" (p. 52).

O principal lema pragmatista — *considere, de maneira prática, os efeitos sensíveis das ideias* — encontra-se no segundo ensaio da série aqui apresentada. Trata-se do "Como tornar nossas ideias claras", onde se desenvolve a tese de que para se apreender uma ideia, em toda sua extensão, além dos critérios de clareza e distinção, típicos do cartesianismo, também se devem levar em conta seus efeitos, os consequentes que tal ideia engendra. Note-se que o filósofo norte-americano não critica Descartes (cf. Descartes, 1999 [1641]) por exigir clareza e distinção das ideias.[8] Ocorre que clareza e distinção são critérios insuficientes, de modo que um *terceiro* precisa ser adicionado. Ou seja, o cartesianismo peca por falta, não por excesso. O pragmatismo, por sua vez, apresenta-se como um passo ulterior na tentativa de dar clareza às ideias. A máxima pragmática de *considerar os efeitos* serve para que se defina uma ideia tão claramente quanto possível. Antes de tudo, o pragmatismo é um método para definir o sentido de conceitos difíceis e obscuros.

---

8 Pelo contrário, clareza e distinção são qualidades que Peirce tinha em alta conta. Na verdade, críticas realmente endereçadas ao cartesianismo, particularmente no que se convenciona chamar de filosofia da mente, encontram-se em outros dois ensaios: *Questions concerning certain faculties claimed for man* (*Questões concernentes a certas faculdades ditas humanas*) e também *Some consequences of four incapacities* (*Algumas consequências de quatro incapacidades*), ambos de 1868.

Introdução

A propósito, entre os especialistas, é costume afirmar que o pragmatismo é um método *anticartesiano* (Santaella, 2004). Concordo, mas deixando claro que o pragmatismo não significa ausência de método (como pensa Rorty, 1991). Recolocando, o método cartesiano é insuficiente, de maneira que é necessário reformá-lo, mas isso não significa abdicar de seu estabelecimento. Entretanto, há autores contemporâneos que, na esteira da crítica pós-moderna, dão a entender que o pragmatismo seria mesmo um abandono do empreendimento de um método de investigação. Pragmatistas de orientação peirceana (Haack, 2003) costumam criticar essa nova versão do pragmatismo, o neopragmatismo. Por ora, não cabe discutir o mérito disso; mas há que se perceber que o pragmatismo peirceano, que é metodológico, difere essencialmente do neopragmatismo, quando este último se apresenta como abandono do método.

Como exemplos de aplicação de sua máxima pragmática, Peirce analisa o conceito de *duro*, aquilo que não é arranhado [*scratched*] por outras coisas; o conceito de *pesado*, o que cai na ausência de uma força oposta; em seguida, o conceito de *força*, aquilo que causa uma aceleração; e, finalmente, os abrangentes conceitos de verdade e realidade:

> A opinião destinada a ser o consenso final é aquilo que queremos dizer pela palavra verdade; e o objeto representado nessa opinião é o real, [...] e embora o objeto da opinião final dependa daquilo que a opinião é, todavia, o que essa opinião é não depende do que você ou eu ou qualquer outra pessoa pensa (p. 83).

Essa concepção de realidade é, efetivamente, o ponto crucial deste segundo ensaio de Peirce, sendo a base do seu realismo científico. A importância disso é tão grande — principalmente para que se evite pensar que o pragmatismo é *prima facie* uma forma de antirrealismo — que merece maior detalhamento.

Conforme assinala John Shook: "O realismo científico de fato diz que os objetos do conhecimento científico têm existência real" (2002, p. 39). Ou seja, tais objetos não são meras abstrações linguísticas que agrupam impressões sensoriais estritamente subjetivas, mas efetivamente existem, de modo que, para Peirce, a realidade dos objetos da ciência constrange a investigação a um determinado resultado. Para deixar isso bem evidente, e afastar de uma vez a ideia de que o pragmatismo, em sua origem, era um antirrealismo, façamos uso de mais uma citação direta de Peirce: "A realidade do real depende do fato de que a investigação [científica], se prolongada suficientemente, está destinada a finalmente levar a uma crença nela" (p. 83). Ora, haveria como Peirce deixar mais explícita sua filiação ao realismo científico, isto é, concernente à realidade dos objetos da investigação científica?

Com relação à tese oposta, a do antirrealismo, parece que há um movimento de cooptação do pragmatismo: antirrealistas contemporâneos, ao dizerem-se pragmatistas, acabam fazendo com que o público filosófico geral pense que o pragmatismo é *prima facie* um antirrealismo. O mais correto seria chamar tais filósofos de neopragmatistas, o que os distingue e, ao mesmo tempo, preserva o pragmatismo peirceano. Aliás, se a tese do antirrealismo possui méritos, é melhor que tais méritos não se baseiem numa interpretação irrealista, nos dois sentidos, do pragmatismo original.

Posta essa digressão, voltemos aos demais textos que compõem a série *Ilustrações da lógica da ciência*, que não são tão conhecidos quanto os dois primeiros. "A doutrina dos acasos" trata do significado que atribuímos ao conceito de probabilidade. Para Peirce, a probabilidade é, sobretudo, uma quantidade contínua que liga dois opostos, a necessidade e a impossibilidade. Pessoas instruídas em matemática percebem claramente a importância da ideia de quantidade contínua. Reconhecem que os números servem para contar coisas discretas. E, de fato, há muita utilidade no processo de contagem das coisas, tal como, em Biologia, quando se classifica uma determinada espécie vegetal através da contagem dos estames de suas flores. "A vantagem do tratamento matemático, entretanto, não vêm tanto do contar, mas mais do medir, não tanto da ideia de número, mas mais da ideia de quantidade contínua" (p. 89). Por isso, a noção de quantidade contínua em hipótese alguma enfraquece o tratamento matemático, muito pelo contrário, é o que possibilita investigações quantitativas de natureza ainda mais fina. Segundo Peirce:

> A teoria da probabilidade é simplesmente a ciência da lógica tratada quantitativamente [...]. Os números *um* e *zero* são apropriados para, neste cálculo, marcar esses extremos do conhecimento; enquanto as frações, possuindo valores intermediários entre eles, indicam, vagamente dizendo, os graus que a evidência empresta a um ou ao outro extremo (p. 93).

Desta primeira definição, Peirce passa a detalhar em pormenores o conceito de probabilidade. Ele procede tal exame através do método pragmático de considerar os efeitos sensíveis dos conceitos, abordando um dos problemas centrais do cálculo probabilístico, a saber, o fato de que "uma inferência individual deve ou ser verdadeira ou ser falsa, e não pode exibir nenhum efeito de probabilidade; e, por conseguinte, com referência a um caso único, considerado em si mesmo, a probabilidade não tem sentido" (p. 99). Isto porque a probabilidade consiste no seguinte cálculo: imaginemos a inferência que parte da premissa A e cuja conclusão seja B; a probabilidade consiste no número de vezes que ambas A e B são verdadeiras, dividido pelo número total de vezes que a premissa A é verdadeira, independentemente de B ser ou não. Para um caso único, o denominador é 1, e o numerador ou é 1 (quando A e B são ambas verdadeiras) ou é 0 (quando A e B não são ambas verdadeiras). Assim, os resultados possíveis são 1/1 ou 0/1, os extremos da verdade ou falsidade, não se constituindo no tipo de quantidade contínua exigida. Nesse caso, não tem sentido falar em probabilidade. Mas, quando o número de casos aumenta (aumentando o numerador), aí sim a divisão fornece frações dentro do intervalo 0 e 1. E quanto maior for o número de casos estudados, maior será a precisão da probabilidade, pois, no limite, ao exaurirmos o conjunto de casos possíveis, a probabilidade se aproxima da *real* relação entre A e B. Nesse segundo caso, a probabilidade tem sentido, tratando-se agora de uma quantidade contínua.

Aliás, este tipo de dispositivo é usado pelos atuários das companhias de seguro, quando estimam os riscos cobertos. Ainda assim, as companhias de seguro não conseguem ter garantias totais, pois, ainda que sua amostragem seja grande, ela não é infinita. A probabilidade tem profundas consequências para o raciocínio humano, ainda mais porque "aquilo que, sem a morte, aconteceria a todo homem, com a morte deve acontecer apenas a alguns homens. Ao mesmo tempo, a morte torna finito o número de nossos riscos, de nossas inferências e, assim, torna incerto o seu resultado médio" (p. 102). Disso depreende que o raciocínio, para ser correto, requer que haja uma comunidade de intelectos capaz de estender ao máximo a amostragem do mundo, os limites da investigação. E, assim, chega-se à noção de que "a lógica se enraíza no princípio social" (p. 102), pois só uma grande comunidade pode estender a investigação o suficiente, a ponto de as inferências retiradas tenderem, no limite, à certeza.

No entender de Peirce, tal princípio social se desdobra em três pré-requisitos, a saber: interesse numa comunidade indefinida, reconhecimento da possibilidade de se fazer que esse interesse seja supremo, e esperança na continuação ilimitada da atividade intelectual. Curiosamente, Peirce traça um paralelo entre esses três requisitos e os ensinamentos do apóstolo Paulo sobre a caridade, a fé e a esperança, respectivamente (cf. *Primeira Epístola aos Coríntios*, cap. 13). Nesse ínterim, o pragmatista afirma que "nem o Velho nem o Novo Testamento são manuais de lógica da ciência, mas o último certamente é a mais alta autoridade no que diz respeito às disposições de coração que um homem deveria ter" (p. 104). Nota-se, então, como Peirce tinha em alta conta o cristianismo como expressão de um princípio social, que também aparece na racionalidade científica. Entretanto, não que Peirce fizesse vista grossa para o fato de que a Igreja, na imensa maioria das vezes, faz que os fiéis fundem suas crenças no método da autoridade; Peirce tão somente mostra como o cristianismo, em sua essência mais pura, exemplifica uma atividade comunitária.

O quarto ensaio da série, intitulado "A probabilidade da indução", consiste em um artigo mais técnico, com demonstrações de cálculo probabilístico, cuja análise ocuparia um espaço muito maior do que aqui dispomos. Em vista disso, focaremos em apenas dois pontos, que se mostram os mais relevantes. O primeiro é a distinção entre a visão conceitualista de probabilidade e a visão materialista de probabilidade.

O segundo é a tentativa de Peirce de formular um outro tipo de cálculo probabilístico, ao qual ele denominava de *chance*.[9]

Por visão materialista de probabilidade, o filósofo entende aquela visão já exposta concernente à frequência de conjunção entre dois eventos. Como dito anteriormente, consiste em dividir o número de vezes que um evento A é seguido por um evento B, pelo número total de vezes em que o evento A aparece, seguido ou não pelo evento B. Mas há um outro tipo de interpretação do conceito de probabilidade, que consiste em estimar o *grau* de confiança que se deveria colocar em uma proposição. Esse tipo de cálculo é utilizado, entre outras coisas, para estimar o quanto uma correlação é significativa, tendo em vista a amostragem fornecida.

Seguindo a máxima pragmática, perguntemos: quais são os efeitos dessas duas concepções? A resposta é que, quando aderimos à visão frequentista, a probabilidade, por assim dizer, encontra-se no mundo, é uma questão de fato; é por isso que podemos dizer que se trata de uma probabilidade objetiva. Já no segundo caso, o que estamos estimando é a confiança do resultado em relação ao escopo de amostragem. É para esse fim, por exemplo, que se procura calcular o desvio padrão dos resultados de medidas de um experimento, para estimar a confiança a ser depositada no resultado médio encontrado. Quanto menor o desvio padrão, mais a média é representativa — uma média 5.0, obtida de dois resultados tais como 4.9 e 5.1, é mais confiável que uma média obtida de 0.1 e 9.9 —, de modo que, para o primeiro caso, posso ter mais confiança em predizer que um próximo evento tem uma grande probabilidade de ser 5.0; enquanto que para o segundo, a probabilidade não é tão grande.

Cada uma dessas definições é perfeitamente viável, mas prestam-se a distintos fins. O que Peirce avisava era que

> [...] a maioria dos autores mistura as duas concepções. Eles, primeiro, definem a probabilidade de um evento como a razão

---

9 O termo *chance* é polissêmico tanto no inglês quanto no português, remetendo à aleatoriedade bem como à oportunidade de acontecimento de algo. Tendo em vista isso, mantivemos o vocábulo original, para que não percamos o significado desejado.

[*reason*] que temos para acreditar que tal coisa tem seu lugar, o que é conceitualista; mas, logo após isso, eles estabelecem que a probabilidade é a taxa [*ratio*] do número de casos favoráveis de um evento dividido pelo número total de casos favoráveis e desfavoráveis, sendo todos igualmente possíveis (p. 115).

Nesse caso, o pragmatismo presta-se a esclarecer uma distinção entre as duas concepções, clarificando-as em razão de suas finalidades e de seus distintos efeitos práticos.

Com perspicácia e inovação, Peirce mais adiante propõe um outro tipo de cálculo probabilístico, ao qual ele denomina de *chance* de um evento. Define, então, a *chance* como a razão direta entre os casos favoráveis e os desfavoráveis. É muito importante notar que a chance é uma quantidade contínua que vai de zero (nenhum caso favorável, sendo zero o numerador) até infinito (nenhum caso desfavorável, sendo zero o denominador). Notavelmente, um evento com chance 1 significa que o número de casos favoráveis é igual ao de desfavoráveis, consistindo, então, na probabilidade ½. Um evento de tal tipo nem reforça, nem enfraquece a crença; o que significa o mesmo que dizer que ele a multiplica por 1. Destarte, os vários pontos notáveis da noção de probabilidade entre 0 e 1 ficam também bem definidos na noção de chance entre 0 e infinito, e ambas são quantidades contínuas.

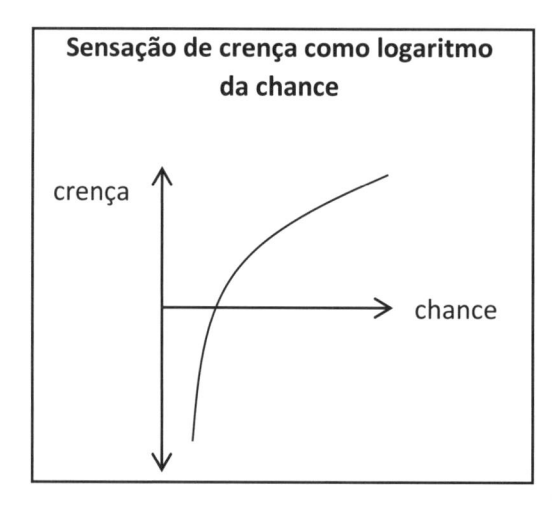

Sensação de crença como logaritmo da chance

crença = log chance

Há ainda outra propriedade notável da *chance*, qual seja, sua relação com a sensação, ou a expectativa, que temos a respeito dos eventos futuros. Primeiramente, a *chance* nunca pode ser negativa, pois é uma fração entre eventos, sejam eles favoráveis ou desfavoráveis, sem que haja *não eventos* que formem uma razão negativa (assim, o domínio da abscissa vai de 0 a infinito positivo). Posto isso, notemos que quando a *chance* for maior que 1, havendo mais casos favoráveis que desfavoráveis, a sensação deveria acompanhar positivamente a variação dessa quantidade; quando a *chance* for menor que 1, havendo mais casos desfavoráveis que favoráveis, nosso sentimento de crença deveria acompanhar negativamente a variação da *chance*, dentro do pequeno intervalo entre 0 e 1, representando proporcionalmente o aumento dos casos desfavoráveis; ademais, quando a *chance* for 1, havendo um empate entre casos favoráveis e desfavoráveis, então a sensação não seria nem positiva nem negativa, ou algo como nula, nem reforçando nem enfraquecendo a crença. Com efeito, podemos descrever todo esse processo como uma função logarítmica, o logaritmo da *chance*.

O mais interessante é que Peirce destaca que a sensação da crença em função do logaritmo da *chance* assemelha-se à famosa lei psicofísica de Fechner, que também é uma função logarítmica. Segundo Peirce, a lei de Fechner determina que "a intensidade de qualquer sensação é proporcional ao logaritmo da força externa que a produz. Tal lei está em inteira harmonia com a noção de que a sensação da crença deveria ser o logaritmo da chance, sendo esta última a expressão do estado de fatos que produz a crença" (p. 119). Assim, Peirce indica um isomorfismo entre a lei de Fechner e o logaritmo da chance (cf. Peirce & Jastrow, 1885).

Em "A ordem da natureza" são discutidas questões de natureza cosmológica. Volta à cena a atenção dispensada à religião, pois, no entender de Peirce: "Qualquer proposição concernente à ordem da Natureza deve mais ou menos tocar em religião" (p. 139). Antecipando os resultados, o filósofo defenderá que se houvesse uma ordem universal, certamente haveria a necessidade de explicar tal ordem, e uma das hipóteses mais tentadoras seria supor uma força maior, Deus, que ditaria essa ordem. Mas não somente é difícil mostrar essa ordem universal, pois "quando olhamos o céu à noite, prontamente percebemos que as estrelas não foram simplesmente atiradas na abóbada celeste; entretanto, tampouco parece haver qualquer sistema preciso em seu arranjo" (p. 142), como também há a complicação de que uma configuração perfeitamente aleatória é um tipo de ordenação. Imaginemos, por exemplo, um mundo com cinco caracteres que se misturariam *perfeitamente*, formando todas as combinações possíveis. Ora, não haver prevalência de nenhum tipo de configuração é um tipo de configuração, por sinal bastante ordenada — todas as possibilidades de distribuição de caracteres ficariam satisfeitas. O que realmente choca o intelecto é que não é esse mundo-caos o que vemos, mas sim que alguns fenômenos aparentemente estão ordenados e outros não, isto é, a distribuição dos caracteres nem é perfeitamente aleatória, nem perfeitamente ordenada. Para Peirce, do ponto de vista físico, esse era o grande enigma.

O mais complicado é que tal problema reverbera intensamente sobre o raciocínio indutivo, quando este pretende fundar-se sobre a tese da uniformidade da natureza. Para o filósofo, o raciocínio indutivo deveria evitar essa tese e situar-se dentro de uma visão que o considere como uma forma de amostragem de caracteres, que procura evidenciar *alguma* ordem existente, mas sempre partindo de dados tirados aleatoriamente. Se não se observa tal procedimento, a amostra já vem enviesada. Mas se, de uma amostra honesta, previamente sorteada sem interferência dos interesses do pesquisador, observar-se que há realmente a prevalência de alguma combinação de caracteres, aí sim temos um raciocínio indutivo de valia e um problema digno de investigação.

Essas considerações não são só importantes para mostrar que a ordem da natureza, postulada como princípio norteador da indução, é discutível do ponto de vista empírico, como também para mostrar que ela é insuficiente para a sustentação da ideia de uma força maior que regeria o universo. Só que isso não faz de Peirce um físico ateísta. Ele volta ao terreno cosmológico para dizer que diversas questões ainda se encontravam em aberto — por exemplo, se o universo é finito ou infinito, tanto no tempo como no espaço —; o que, por sua vez, desautoriza qualquer cientista a afirmar peremptoriamente se há ou não uma força maior. A existência dessa força maior nem pode ser definitivamente afirmada nem definitivamente refutada. Então, o filósofo chega a sua posição, a seu caminho do meio, de evitar propalar a ideia de que as pessoas de formação científica devam necessariamente *dar de ombros* para a religião. Formular a teoria da gravitação universal não fez com que Newton se tornasse menos religioso. Peirce termina seu argumento com uma frase um tanto ambígua, mas cuja ambiguidade nos faz refletir profundamente. "É raro encontrar pessoas que não acreditam naquilo em que realmente consistem os princípios do cristianismo, e todas as pessoas, senão essas poucas, deveriam sentir-se em casa nas igrejas" (p. 163). Parece haver duas leituras possíveis: a primeira é direta, dando a entender que as poucas pessoas que não crêem, não têm por que se importar com a religião; mas esse *senão* [*but*] pode também dar a entender que são exatamente essas pessoas que não crêem que mais fariam proveito do conforto da religião. Peirce leva a sério o problema, não se recusando a discuti-lo com reverência.

O último ensaio da série, intitulado "Dedução, indução, e hipótese", é um texto bem didático sobre lógica e metodologia científica. Mas há que se notar que não se discorre sobre delineamento experimental ou técnicas experimentais na pesquisa científica; o que, por vezes, acontece com os manuais dos cursos de ciência, onde, por exemplo, discorre-se fartamente sobre o processo de controlar uma variável e observar alguma outra correlata. Pelo contrário, é um ensaio sobre a lógica geral do raciocínio científico, no que tange aos métodos dedutivos, indutivos e hipotéticos. Peirce começa com o estudo do silogismo, o que para alguns pode ser uma coisa um tanto trivial, mas é exatamente na simplicidade da análise que reside seu maior valor.

No entender de Peirce, três são as principais formas do raciocínio científico. Em primeiro lugar, temos o raciocínio dedutivo, que estabelece as conclusões necessárias dos enunciados. Em segundo lugar, há o raciocínio indutivo que, partindo da experiência, infere as regularidades da natureza. Finalmente, há o raciocínio hipotético, que consiste em apresentar uma hipótese que sirva como explicação para os fenômenos observados. O raciocínio dedutivo envolve a ideia de necessidade (tal como na matemática), o raciocínio indutivo envolve a ideia de inferência (tal como nas ciências empíricas) e o raciocínio hipotético envolve a ideia de explicação das causas (tal como nos ramos experimentais de todas as ciências naturais). Em resumo: a dedução implica algo, a indução infere algo, e a hipótese explica o porquê de algo.

Para bem distinguir tais modos de raciocínio e mostrar seus respectivos usos, Peirce se vale de alguns procedimentos de silogística básica. O que faz é analisar o silogismo dedutivo em termos de Regra (premissa maior), Caso (premissa menor) e Resultado (conclusão). Faz isso através do seguinte exemplo: imaginemos que um pesquisador está investigando uma saca de feijões brancos, e que toma como amostra um punhado de feijões. O que o pesquisador pode com absoluta segurança afirmar é que:

Todos os feijões da saca são brancos. **Regra**
O meu punhado de feijões é da saca. **Caso**
___
Portanto, o meu punhado é de feijões brancos. **Resultado**

O que o pesquisador está fazendo é aplicar uma regra geral a um caso a fim de retirar um resultado. A regra é que todos os feijões da saca são brancos; o caso é que a amostra retirada vem daquela saca; o resultado é que o punhado de feijões deve conter necessariamente apenas feijões brancos. Tal conclusão deriva forçosamente da aceitação das premissas; esse silogismo é dedutivamente válido.

Agora, passemos a fazer permutações entre os termos desse silogismo. Em outras palavras, troquemos a ordem entre regra, caso e resultado. Imaginemos então que o silogismo tenha a seguinte forma:

O meu punhado de feijões é da saca. **Caso**
O meu punhado é de feijões brancos. **Resultado**
___
Portanto, todos os feijões da saca são brancos. **Regra**

Ora, essa nova configuração utiliza o caso e o resultado para retirar uma regra geral. Isso é típico do modo de raciocínio indutivo, pelo qual retiramos uma regra geral a partir de fatos particulares. Com efeito, tal procedimento não é dedutivamente válido; isto é, a conclusão não deriva forçosamente das premissas. É uma face do problema da indução (Hume, 2000 [1748]): a não ser o hábito, nada garante que haja total uniformidade na natureza, de modo que não se pode afirmar, nesse exemplo particular, que não possa haver algum feijão preto *mutante* no saco. Não obstante, isso não significa que a indução seja uma tolice. A indução é útil porque, via de regra, a natureza se apresenta uniformemente. O que acontece é que não conseguimos justificar racionalmente a indução; mas ela, pragmaticamente, constitui um recurso largamente utilizado nas ciências.

Permutemos, mais uma vez, os termos do silogismo, desta feita seguindo a ordem: resultado, regra e caso. Imaginemos que o pesquisador se encontra numa sala cheia de sacas de feijões, cada uma com sua própria proporção de feijões brancos e pretos. E suponhamos que ele vê em uma mesa um punhado de feijões brancos, e os pega na mão. Se ele encontrar uma saca com somente feijões brancos, então ele tenderá a dizer que a amostra que tem em mãos veio daquela determinada saca. O silogismo fica então assim:

Meu punhado é de feijões brancos.	**Resultado**
Os feijões dessa saca são todos brancos.	**Regra**
Portanto, meu punhado de feijões é dessa saca.	**Caso**

Esse tipo de raciocínio leva-nos a admitir uma hipótese que explicaria a relação entre resultado e regra. Explica-se por que a amostra é branca quando se tece a hipótese de que ela veio de determinada saca. A causa da amostra ser branca é que ela viria de uma saca onde todos os feijões são brancos. Na verdade, também se trata de um raciocínio dedutivamente inválido, pois não chegamos forçosamente à conclusão.

O que acontece é que concebemos uma *aposta razoável* sobre a origem da amostra. É a dita abdução.

Uma coisa importante é que Peirce não era dedutivista, no sentido do ideal da ciência grega, a geometria de Euclides; tampouco era indutivista, como o empirista Francis Bacon; nem ainda "demarcatoriamente" hipotético, tal como mais recentemente Karl Popper (1959). Mais do que dar privilégio a algum dos tipos de raciocínio, Peirce propõe o encadeamento deles, de acordo com a seguinte ordem: primeiramente, devemos partir de uma hipótese, que é sempre falível, mas que é uma aposta racional para a resolução do problema que se apresenta. Depois, devemos deduzir as consequências da adoção daquela hipótese, por exemplo, fazendo determinadas predições. Finalmente, devemos fazer o processo de indução, tomando "amostras" justas, e verificando se elas corroboram ou não as predições. Neste aspecto, Peirce tanto utiliza o procedimento de descartar as hipóteses via *modus tollens*, isto é, a não efetivação da predição sugere a falsidade da hipótese, como também assume que a efetivação da predição corrobora a hipótese. Quanto maior esse tipo de verificação "positiva", maior o alargamento da experiência. Extrapolando em direção ao longo termo, aproximar-nos-íamos, no limite, à efetiva realidade. Resumindo a concepção de Peirce, existem três tipos de raciocínio cumprindo funções distintas, não havendo primazia exclusiva de um deles. Tais tipos de raciocínio devem ser encadeados de certa maneira, seguindo a ordem hipótese-dedução-indução. Mas, para tanto, temos que ao menos distingui-los claramente, pois é isso que nos capacita a usá-los no momento certo.

3. Desdobramentos do pragmatismo

Para finalizar, vale dizer que os ensaios ora apresentados constituem somente o passo inicial do pragmatismo peirceano. Curiosamente, o próprio vocábulo "pragmatismo" não se encontra em nenhum desses textos. De forma impressa, a palavra só apareceu vinte anos mais tarde, em 1898, na famosa conferência "Philosophical conceptions and practical results" de William James (cf. James, 1992 [1898]). É fato conhecido que, insatisfeito com o tratamento dado por James ao pragmatismo (cf. Ayer, 1999 [1968]), Peirce muda o nome de sua doutrina para *pragmaticismo*, alegando que esta nova denominação é feia demais para ser "raptada" por outros autores. Para uma visão mais abrangente do itinerário percorrido por Peirce no que tange suas discussões do método científico, recomendei, noutro lugar (cf. Kinouchi, 2004), um livro que é praticamente obrigatório para os estudantes do pragmatismo, *O método anticartesiano de Charles S. Peirce*, de Lúcia Santaella (2004).

Mas, como passo inicial, as *Ilustrações* insinuam algumas características marcantes do filosofar de Peirce. Uma delas é a arquitetônica triádica de sua filosofia. Leitor voraz de Kant (1999 [1781]), absorveu a noção de que um sistema filosófico deve ser estruturado a partir de categorias. Em seu sistema, toda a arquitetônica deriva de uma categorização triádica. Peirce chegou a tal formulação por julgar que relações n-ádicas (com n > 3) podem ser reduzidas a composições de relações triádicas, mas uma relação triádica não se reduz a uma composição de relações diádicas. "Uma estrada com uma bifurcação", exemplifica Peirce, "é um análogo do fato triplo, porque põe três terminais em relação uns com os outros. Um fato duplo é como uma estrada sem bifurcação, liga apenas dois terminais. Ora, combinação alguma de estradas sem bifurcação pode apresentar mais do que dois terminais; mas, qualquer número de terminais pode ser ligado por estradas que não possuem um cruzamento de mais de três direções" (Peirce, 2000 [1885], p. 11). Com isso, o pragmatista tinha como classificar os demais sistemas filosóficos em monádicos (onde prevalece a unidade), diádicos (onde prevalece a dualidade), e triádicos (onde uma intermediação efetivamente *resolve* a dualidade). E, na medida em que sistemas poli-ádicos podem ser reduzidos a triádicos, mas um sistema triádico não se reduz a diádicos, Peirce opta por um sistema triádico.

Em tal sistema, três categorias fundamentais, as mais gerais possíveis, a saber, primeiridade, segundidade e terceiridade, funcionam como pilares interligados. Nas palavras de Peirce: "A categoria Primeira é a Ideia do que é tal como é, a despeito de qualquer outra coisa. É o mesmo que dizer que é uma *Qualidade* de Sensação. A categoria

Segunda é a Ideia do como é ser Segundo para algum Primeiro, a despeito de qualquer outra coisa e, em particular, a despeito de qualquer lei, embora possa ser conforme a uma lei. É o mesmo que dizer que é a *Reação* como um elemento do Fenômeno. A categoria Terceira é a Ideia do que é tal como ser um Terceiro, ou Meio [*Medium*], entre o Segundo e seu Primeiro. É o mesmo que dizer que é a *Representação* como um elemento do Fenômeno" (1998 [1903], p. 160). Tentando explicitar um pouco mais: *primeiridade* significa qualidade sem referência necessária a qualquer outra coisa,[10] imediaticidade em seu sentido mais estrito; *segundidade* significa reação, ou resistência, ou ainda dualidade, com referência necessária a alguma outra coisa; *terceiridade*, ou relação, ou mediação, ou ainda representação, que faz a intermediação entre as duas categorias anteriores. Temo que tais definições não ajudem muito ao leitor que pouco conhece a obra de Peirce. Na verdade, é tema para vários volumes de livros — o que o próprio Peirce tentou executar — de modo que toda explicação sumária sempre fica muito aquém do desejado. Recomendaria, a quem tiver curiosidade sobre o assunto, o claro e conciso livro *Kósmos noetós: a arquitetura metafísica de Charles S. Peirce*, de Ivo Ibri (1992).

Pouco aparece, nos artigos aqui publicados, o assunto que mais destaque ganhou nas últimas décadas, seu papel de criador da semiótica — sua doutrina geral dos signos. Nela, em consonância com as três categorias anteriormente mencionadas, divide inicialmente as relações simbólicas em três partes: o *representamen*, que é o signo tal como aparece, pertencendo à primeira categoria; o *objeto*, que é aquilo ao qual o signo reage, pertencendo à segunda categoria; e o *interpretante*, que

---

10 Curiosamente, a investigação da primeiridade que, no sistema de Peirce, é chamada mais precisamente de *phaneroscopia*, lembra bastante a redução fenomenológica husserliana. Segundo Hausman (1993), "em geral, o uso que Peirce faz do termo compartilha a demanda de Husserl de que o pesquisador evite a introdução de qualquer pressuposição sobre a existência ou inexistência, realidade ou irrealidade, verdade ou falsidade do fenômeno estudado". Embora concordem nisso, dir-se-ia que discordam em quase tudo o mais. Peirce é um objetivista assumido e critica fortemente o estratagema de fundar o conhecimento científico sobre intuições subjetivas; enquanto Husserl (2001 [1931]) adere veementemente a tal procedimento.

é o para quem os dois anteriores se dirigem. Assim, um signo diz algo de uma coisa para alguém. Certamente, a breve explicação agora dada é muitíssimo caricata. Ao leitor interessado no assunto, sugiro recorrer ao livro *A teoria geral dos signos*, Santaella (2000), onde tal assunto é tratado minuciosamente.

Finalmente, as *Ilustrações da lógica da ciência* ainda não expressam vivamente o caráter evolucionário da filosofia peirceana, qual seja, que as leis naturais e a matéria física ela mesma não estão necessária e minuciosamente determinadas — tal como aquele universo-bloco tetra-dimensional parmenidiano-einsteiniano que Karl Popper (1988) costumava criticar. Segundo Peirce (1992 [1892]), o universo encontra-se em evolução e, em seu seio, há um elemento de acaso primordial, espontâneo, de modo que um sistema filosófico fidedigno deve contemplar essas, por assim dizer, variações acidentais. Mas, conquanto haja tal tipo de indeterminação, isso não significa que os esforços da ciência sejam em vão. Há que se *domar* esse acaso e, assim, perceber o *sentido* da evolução como um todo. Para aqueles que desejem compreender o papel desempenhado por Peirce nesse debate, recomendo *The taming of chance* de Ian Hacking (1990), obra que coloca o filósofo pragmatista no centro da discussão.

Com essas considerações finais, o que menos desejo é complicar a leitura, desfiando o enorme emaranhado de ideias que é suscitado pela filosofia de Peirce como um todo.[11] Mas é que "iniciar um livro sobre a filosofia de Charles S. Peirce", comenta Carl Hausman, "é algo como entrar num labirinto com quase tantas entradas quanto passagens" (1993, p. 1). Com esta tradução das *Ilustrações da lógica da ciência*, oferecemos a entrada mais ampla e bem conhecida. Descobrir os recônditos mais íntimos é tarefa que cada um só pode fazer por si mesmo.

---

11 Para ter a melhor panorâmica fornecida por especialistas, deve-se consultar o periódico *Transactions of Charles Sanders Peirce*, o mais aconselhado. Outra boa e atual obra de referência é o *The Cambridge Companion to Peirce*, editado por Cheryl Misak (2004).

Agradeço à Fundação de Amparo à Pesquisa do Estado de São Paulo (FAPESP) em razão da bolsa de pós-doutoramento junto ao Projeto Temático "Estudos de Filosofia e História da Ciência". Sou grato também aos amigos da *Associação Filosófica Scientiae Studia* e, em especial, ao Prof. Dr. Pablo R. Mariconda, por seu constante encorajamento.

Renato Rodrigues Kinouchi

1
A fixação da crença

I

Poucas pessoas se preocupam em estudar lógica, porque todos concebem a si mesmos como já sendo suficientemente versados na arte de raciocinar. Mas eu observo que tal satisfação limita-se às suas próprias raciocinações e não se estende àquelas de outros homens.

A plena posse de nosso poder de fazer inferências é a última das faculdades que adquirimos, pois não se trata de um dom natural, mas de uma longa e difícil arte. A história de sua prática forneceria um esplêndido assunto para um livro. Os escolásticos medievais, seguindo os romanos, faziam da lógica o primeiro dos estudos de um rapaz, logo após a gramática, entendendo-a como sendo bem fácil. Assim era como eles a entendiam. Seu princípio fundamental, segundo eles, era que todo o conhecimento repousa ou na autoridade ou na razão; mas o que quer que fosse deduzido pela razão dependia em última instância de uma premissa derivada da autoridade. Desse modo, tão logo um rapaz fosse exímio no procedimento silogístico, seu conjunto de ferramentas intelectuais era considerado completo.

Para Roger Bacon, esse notável intelecto que em meados do século XIII era quase um homem de ciência, a concepção escolástica de raciocínio aparecia apenas como um obstáculo à verdade. Ele viu que a experiência sozinha é capaz de ensinar qualquer coisa — uma proposição que para nós parece fácil de entender, porque uma nítida concepção de experiência nos foi legada por gerações anteriores; concepção que também parecia perfeitamente clara para ele, porque suas dificuldades ainda não haviam se revelado. De todos os tipos de experiência, a melhor, ele pensava, era a iluminação interior, que nos ensina muitas coisas sobre a Natureza, coisas que os sentidos externos nunca poderiam descobrir, tal como a transubstanciação do pão.

Quatro séculos depois, o Bacon mais célebre,[1] no primeiro livro do seu *Novum Organum*, forneceu uma clara descrição da experiência como algo que deve estar aberto à verificação e ao reexame. Mas, por mais superior que seja a concepção de Lorde Bacon em relação às noções anteriores, um leitor moderno, que não se impressiona com sua grandiloquência, choca-se principalmente com a inadequação da visão de Bacon do procedimento científico. Que tenhamos apenas de fazer alguns experimentos grosseiros para registrar resumos dos resultados em certos formulários, por via de regra, descartando tudo aquilo que é refutado e pondo por escrito as alternativas; e que assim, em poucos anos, a ciência física ficaria terminada — que ideia! Em verdade, "Ele escreveu sobre ciência tal como um Lorde Chanceler", como dissera Harvey,[2] um legítimo homem de ciência.

Os primeiros cientistas, Copérnico, Tycho Brahe, Kepler, Galileu e Gilbert,[3] tinham métodos mais parecidos com os de seus confrades modernos. Kepler empreendeu traçar uma curva através das posições de Marte;[4] e seu maior serviço à ciência foi imprimir na mente dos homens

---

1 NT.: (Nota do Tradutor): Peirce refere-se aqui a Francis Bacon (1561-1626).

2 NT.: William Harvey (1578-1657), célebre médico inglês, contemporâneo de Francis Bacon. Peirce não cita uma fonte bibliográfica; deve ter ouvido o comentário, tratando-se de algum tipo de "piada de bastidores".

3 NT.: Neste ínterim Peirce cita nomes de cientistas famosos dos séculos XVI e XVII. Nicolau Copérnico (1473-1543) ficou célebre por apresentar a hipótese heliocêntrica na astronomia. Tycho Brahe (1546-1601) e Johannes Kepler (1571-1630) são reconhecidamente duas das mais importantes figuras na história da astronomia, juntamente com Galileu Galilei (1564-1642), cujos trabalhos científicos, nas mais diversas áreas, são obras de referência. William Gilbert (1544-1603) foi médico particular da Rainha Elizabeth I; curiosamente ficou mais conhecido por seu trabalho em magnetismo, "*De Magnete, Magneticisque Corporibus et de Magno Magnete Tellure - Physiologia Nova*", publicado em 1600.

4 Não exatamente assim, mas bem próximo disso, o quanto pode ser dito em poucas palavras.

que isso era a coisa a ser feita, caso desejassem melhorar a astronomia; que não se contentassem em inquirir se um sistema de epiciclos era melhor que outro, mas que colocassem as figuras de tal modo a descobrir qual era a curva de fato. Ele realizou isso com sua incomparável energia e coragem, tropeçando, da maneira mais inconcebível (para nós), em uma hipótese irracional a outra, até que, depois de tentar vinte e duas dessas hipóteses, caiu, pela mera exaustão de sua invenção, sobre a órbita que uma mente bem suprida com as armas da lógica moderna teria tentado quase de início.

Nesse sentido, todo o trabalho de ciência, importante o suficiente para ser recordado por umas poucas gerações, fornece alguma ilustração do estado defeituoso da arte de raciocinar da época em que foi escrito; e cada passo importante na ciência tem sido uma lição de lógica. Foi assim quando Lavoisier[5] e os seus contemporâneos empreenderam o estudo da química. A velha máxima dos químicos era "*Lege, lege, lege, labora, ora, et relege*".[6] O método de Lavoisier não era ler e rezar, nem sonhar que algum longo e complicado processo químico pudesse ter um certo efeito, então colocá-lo em prática com monótona paciência e, depois de seu inevitável fracasso, sonhar que com alguma modificação o resultado seria outro, e acabar publicando o último sonho como um fato: sua maneira era levar a mente para o laboratório, e fazer dos alambiques e cucúrbitas instrumentos de pensamento, oferecendo uma nova concepção de raciocínio, como algo que deveria ser feito de olhos abertos, pela manipulação de coisas reais ao invés de palavras e fantasias.

A controvérsia darwiniana é, em larga medida, uma questão de lógica. O Sr. Darwin[7] propôs a aplicação do método estatístico à biologia. A mesma coisa foi feita num ramo muito diferente da ciência, a teoria dos gases. Embora incapazes de dizer quais seriam os movimentos

---

5 NT.: Antoine Lavoisier (1743-1794), conhecido como o fundador da química como ciência.

6 NT.: "Leia, leia, leia, trabalhe, reze e releia" era uma máxima de antigos textos alquimistas.

7 NT.: Charles Darwin (1809-1882), célebre naturalista inglês, proponente da teoria da evolução das espécies por seleção natural.

de alguma molécula particular de gás, tendo por base uma certa hipótese acerca da constituição dessa classe de corpos, Clausius e Maxwell[8] eram, contudo, capazes de predizer, pela aplicação da doutrina das probabilidades, que, no longo prazo, tal e tal proporção de moléculas, sob dadas circunstâncias, iriam adquirir tais e tais velocidades; e que a cada segundo haveria determinado número de colisões, etc.; e a partir dessas proposições eles foram capazes de deduzir certas propriedades dos gases, especialmente no que diz respeito às suas relações térmicas. De maneira parecida, Darwin, embora incapaz de dizer quais serão as operações de variação e seleção natural para cada caso individual, tem demonstrado que, no longo prazo, tais operações adaptarão os animais às suas circunstâncias. Se as formas animais existentes são ou não são devidas a tal ação, ou que posição a teoria deve então tomar, tudo isso enseja o assunto de uma discussão na qual questões de fato e questões de lógica encontram-se curiosamente entrelaçadas.[9]

---

8 NT.: Rudolf Clausius (1822-188), físico alemão que primeiro estabeleceu a equivalência entre calor e trabalho. Juntamente com James Clerk Maxwell (1831-1879), lançou as bases da teoria cinética dos gases. Maxwell, ademais, teve papel importantíssimo no terreno do eletromagnetismo.

9 NT.: Nos dias de hoje consolidou-se uma aproximação da mecânica estatística com a evolução darwiniana. Há toda uma linha de pesquisa denominada *Teoria de Sistemas Dinâmicos Adaptativos* que recorrem à mecânica estatística como forma de modelar o comportamento de sistemas que apresentem adaptação ao seu meio ambiente. Ver, por exemplo, Freeman (1999), *How brains make up their minds*, Phoenix-Orion Books.

II

O objetivo do raciocínio é descobrir, a partir da consideração daquilo que já sabemos, alguma outra coisa que desconhecemos. Consequentemente, o raciocínio é bom se for tal que forneça uma conclusão verdadeira a partir de premissas verdadeiras, e não de outra maneira. Assim, a questão da sua validade é puramente uma questão de fato e não do ato de pensar. Sendo A a premissa e B a conclusão, a questão é se esses fatos estão relacionados de tal forma que se A é, então B é. Se assim for, a inferência é válida; se não, então não. De maneira alguma se trata da questão de saber se, quando as premissas são aceitas pela mente, sentimos um impulso para aceitar também a conclusão. É verdade que geralmente raciocinamos corretamente por natureza. Mas isso é um acidente; a conclusão verdadeira permaneceria verdadeira se não tivéssemos esse impulso para aceitá-la; e a falsa permaneceria falsa, mesmo que não pudéssemos resistir à tendência para acreditar nela.

Sem dúvida, somos principalmente animais lógicos, mas não o somos perfeitamente. A maioria de nós, por exemplo, é naturalmente mais otimista e esperançosa do que a lógica justificaria. Parecemos ser constituídos de maneira que na ausência de quaisquer fatos que o demandem, estamos felizes e autossatisfeitos; de modo que o efeito da experiência é continuamente encolher nossas esperanças e aspirações. Todavia, uma vida inteira de aplicação deste corretivo não erradica usualmente nossa disposição otimista. Onde a esperança não é confrontada por nenhuma experiência, provavelmente nosso otimismo é extravagante. Logicidade, com respeito a assuntos práticos, é a qualidade mais útil que um animal pode possuir e, consequentemente, poderia resultar da ação da seleção natural; mas, afora isso, provavelmente é mais vantajoso para o animal ter sua mente preenchida por visões agradáveis e encorajadoras, independentemente da verdade delas; e, assim, sobre assuntos não práticos, a seleção natural poderia ocasionar uma tendência falaciosa de pensamento.

Aquilo que nos determina a retirar uma inferência ao invés de outra, a partir de premissas dadas, é algum hábito da mente, quer seja constitutivo ou adquirido. O hábito é bom, ou não, na medida que produz conclusões verdadeiras a partir de premissas verdadeiras, ou não; e uma inferência é considerada como válida ou não, sem referência à verdade ou falsidade da sua conclusão em especial, mas de acordo com o hábito que a determina de modo que produza conclusões verdadeiras em geral, ou não. O hábito específico da mente, que governa esta ou aquela inferência, pode ser formulado numa proposição cuja verdade depende da validade das inferências que o hábito determina; e tal fórmula é chamada de um *princípio-guia* da inferência. Suponhamos, por exemplo, que observamos que um disco giratório de cobre fica rapidamente em repouso quando colocado entre os polos de um imã, e daí inferimos que isso acontecerá com todos os discos de cobre. O princípio-guia é que aquilo que é verdadeiro para uma peça de cobre é verdadeiro para uma outra. Tal princípio-guia, a respeito do cobre, seria muito mais seguro do que para muitas outras substâncias — latão, por exemplo.

Poder-se-ia escrever um livro para assinalar todos os mais importantes princípios-guias do raciocínio. Provavelmente seria, temos de confessá--lo, de nenhuma utilidade para uma pessoa cujo pensamento está dirigido completamente para assuntos práticos, e cuja atividade caminha por trilhas já muito bem conhecidas. Os problemas que se apresentam a um tal intelecto são assuntos de rotina, os quais ele aprendeu a lidar, de uma vez por todas, na aprendizagem de sua ocupação. Mas deixe um homem aventurar-se num campo pouco familiar, ou onde os seus resultados não são continuamente confrontados com a experiência, e toda a história mostra que o mais robusto intelecto irá por vezes perder sua orientação e desperdiçar esforços em direções que não conduzem ao seu objetivo, ou mesmo o afastam inteiramente dele. É como um navio em mar aberto, sem ninguém a bordo que entenda das regras de navegação. E, em tal caso, um estudo geral dos princípios guias do raciocínio seguramente teria sua utilidade.

O assunto dificilmente poderia ser tratado, entretanto, sem ser primeiramente delimitado, uma vez que quase qualquer fato pode servir como um princípio-guia. Mas acontece que existe uma divisão entre os fatos, tal que numa classe se encontram aqueles fatos que são absolutamente essenciais como princípios guias, enquanto na outra se encontram todos os que possuem quaisquer outros interesses como objetos de pesquisa. Esta divisão é entre aqueles que são necessariamente tomados por garantidos quando se questiona se certa conclusão segue de certas premissas, e aqueles que não estão implicados nessa questão. Um momento de reflexão mostrará que uma variedade de fatos já se encontra assumida quando a questão lógica é inicialmente colocada. Está implicado, por exemplo, que existem estados da mente como crença e dúvida — que a passagem de um a outro é possível, permanecendo idêntico o objeto do pensamento, e que esta transição está sujeita a certas regras que limitam igualmente todas as mentes. Como estes são fatos que já temos de saber antes de podermos ter qualquer concepção clara do raciocínio em geral, não há como supor ser maior o interesse de questionar sua verdade ou falsidade. Por outro lado, é fácil acreditar que tais regras de raciocínio, que são deduzidas da própria ideia do processo, são as mais essenciais; e que, na verdade, na medida em que se conformam com aquelas, não irão, pelo menos, levar a conclusões falsas partindo de premissas verdadeiras. De fato, a importância daquilo que pode ser deduzido das suposições envolvidas na questão lógica acaba por tornar-se maior do que poderia ser suposto, e isto por razões difíceis de mostrar de partida. A única razão que vou aqui mencionar é que concepções que são realmente produto de reflexão lógica, sem que se veja prontamente que assim o são, misturam-se com nossos pensamentos ordinários, e são frequentemente causa de grande confusão. Este é o caso, por exemplo, da concepção de qualidade. Uma qualidade, enquanto tal, nunca é um objeto de observação. Podemos ver que uma coisa é azul ou verde, mas a qualidade de ser azul ou a qualidade de ser verde não são coisas que vemos, são produtos de reflexões lógicas. A verdade é que o senso comum ou o pensamento, tal como inicialmente emerge acima do nível do estritamente prático, está profundamente imbuído com aquela má lógica da qualidade, à qual o epíteto *metafísico* é comumente aplicado; e nada pode clarificá-la senão um severo curso de lógica.

III

Geralmente sabemos quando desejamos fazer uma pergunta e quando desejamos emitir um juízo, pois há uma dessemelhança entre a sensação de duvidar e a de acreditar.

Mas isso não é tudo o que distingue a dúvida da crença. Há uma diferença prática. Nossas crenças guiam nossos desejos e moldam nossas ações. Os Assassinos, ou Seguidores do Velho da Montanha, costumavam precipitar-se para a morte ao seu mínimo comando, porque acreditavam que obedecê-lo asseguraria a felicidade eterna.[10] Tivessem duvidado disso, não teriam agido como agiram. Assim acontece com toda crença, de acordo com seu grau. O sentimento de acreditar é mais ou menos uma indicação certa de haver se estabelecido em nossa natureza algum hábito que determinará nossas ações. A dúvida nunca possui tal efeito.

Também não devemos desprezar uma terceira diferença. A dúvida é um estado de desconforto e insatisfação do qual lutamos para nos libertar e para passar ao estado de crença; enquanto este último é um estado calmo e satisfatório que não desejamos evitar, ou mudar para uma crença em outra coisa qualquer.[11] Pelo contrário, não nos agarramos com tenacidade à crença meramente, mas sim ao estado de acreditar justamente naquilo em que acreditamos.

---

10 NT.: O Velho Homem da Montanha foi o xeique sírio Al-Jebal, que liderou a ordem religiosa e militar dos Assassinos, por volta do século XII, durante as Cruzadas.

11 Não falo dos efeitos secundários ocasionalmente produzidos pela interferência de outros impulsos.

Assim, ambas, dúvida e crença, têm efeitos positivos sobre nós, embora muito diferentes. A crença não nos faz agir de imediato, mas nos coloca em condição para nos comportarmos de certa maneira quando surgir a ocasião. Já a dúvida de maneira nenhuma tem um efeito desse tipo, mas nos estimula a agir até que o estado de dúvida seja destruído. Isso nos lembra a irritação de um nervo e a ação reflexa por ela produzida; enquanto que para o análogo da crença, no sistema nervoso, devemos atentar para as chamadas associações nervosas — por exemplo, para aquele hábito dos nervos em consequência do qual o cheiro de um pêssego produzirá água na boca.

IV

A irritação da dúvida causa um grande esforço no sentido de se alcançar um estado de crença. Chamarei a esse esforço de investigação, embora se deva admitir que esta por vezes não seja a designação mais apropriada.

A irritação da dúvida é o único motivo imediato para o esforço de alcançar a crença. Para nós, certamente é melhor que as nossas crenças sejam tais que possam verdadeiramente guiar nossas ações de modo a satisfazer nossos desejos; e essa reflexão nos fará rejeitar toda crença que não pareça ter sido formada para assegurar tal resultado. Mas somente o fará criando uma dúvida no lugar daquela crença. Portanto, o esforço se inicia com a dúvida, e termina com o cessar dela. Destarte, o único objetivo da investigação é o estabelecimento da opinião. Podemos ter a impressão de que isso não é suficiente para nós, e que procuramos, não meramente uma opinião, mas uma opinião verdadeira. Mas coloque-se essa impressão à prova, e ela revelar-se-á infundada; pois tão logo uma crença é firmemente alcançada, ficamos inteiramente satisfeitos, quer a crença seja verdadeira ou falsa. E é claro que nada fora da esfera do nosso conhecimento pode ser objeto de investigação, pois nada que não afete a mente poderá ser motivo de um esforço mental. O máximo que se pode sustentar é que buscamos uma crença que *pensamos* ser verdadeira. Mas pensamos que cada uma das nossas crenças é verdadeira e, realmente, é uma mera tautologia dizer tal coisa.

Que o estabelecimento da opinião é o único fim da investigação é uma proposição muito importante. Ela elimina, de uma vez, várias concepções vagas e errôneas de prova. Umas poucas delas podem ser aqui levantadas.

1. Alguns filósofos têm imaginado que para dar início a uma investigação fosse apenas necessário formular uma questão ou escrevê--la num papel, e nos recomendaram até mesmo a iniciar nossos estudos questionando tudo! Mas o mero ato de colocar uma proposição na forma interrogativa não estimula a mente a qualquer esforço posterior. Deve haver uma dúvida real e viva, e sem ela toda a discussão é vã.

2. É muito comum a ideia de que uma demonstração deva repousar sobre proposições últimas e absolutamente indubitáveis. Tais proposições, de acordo com uma escola, são princípios primeiros de uma natureza geral; segundo outra escola, são sensações primeiras. Mas, de fato, uma investigação, para ter esse resultado completamente satisfatório chamado demonstração, tem apenas que começar com proposições perfeitamente livres de toda a dúvida real [*actual*]. Se as premissas de fato não são postas em dúvida, elas não têm como ser mais satisfatórias do que o são.

3. Algumas pessoas parecem adorar discutir um ponto depois de todo o mundo estar plenamente convencido dele. Mas nenhum avanço adicional pode ser feito. Quando a dúvida cessa, a ação mental sobre o assunto chega a termo; e, se continuasse, não teria qualquer propósito.

V

 Se o estabelecimento da opinião é o único objetivo da investigação, e se a crença tem a natureza de um hábito, por que não atingiríamos o fim desejado tomando qualquer resposta a uma questão que possamos imaginar, reiterando-a constantemente, acomodando-nos a tudo o que possa conduzir a essa crença, e aprendendo a olhar com desprezo e ódio tudo o que possa perturbá-la? Este método simples e direto é realmente seguido por muitos homens. Lembro-me de uma vez me terem suplicado que não lesse certo jornal, pois isso poderia mudar a minha opinião sobre o livre comércio. "Para que eu não pudesse ser ludibriado por suas falácias e equívocos", foi o modo de dizer. "Você não é", disse meu amigo, "um estudante excepcional de economia política. Poderá, por conseguinte, ser facilmente enganado por argumentos falaciosos sobre o assunto. Se ler esse jornal, você pode ser levado a acreditar no protecionismo. Mas você admite que o livre comércio é a doutrina verdadeira; e você não deseja acreditar no que não é verdadeiro". Tenho frequentemente visto esse sistema ser adotado deliberadamente. E ainda mais frequentemente, o desgosto instintivo de um estado mental indeciso, exagerado num vago receio de dúvida, faz os homens agarrarem-se espasmodicamente às posições que eles já tomaram. O homem sente que, se ele apenas mantiver sua crença sem vacilar, isso já será inteiramente satisfatório. Tampouco se pode negar que uma fé firme e inabalável produz grande paz de espírito. Na verdade, isso pode dar origem a inconveniências, como se um homem devesse continuar a acreditar resolutamente que o fogo não o queimaria, ou que seria eternamente desgraçado se recebesse sua *refeição* de outra forma senão através do estômago. Mas então, o homem que adota tal método não consentirá que tais inconvenientes sejam maiores que suas vantagens. Ele dirá "agarro-me resolutamente à verdade, e a verdade é sempre saudável". E em muitos casos pode bem ser que o prazer que o homem recebe de sua calma fé venha a contrabalançar qualquer inconveniência resultante do caráter enganador dela. Assim, se for verdade que a morte é aniquilação, então o homem que acredita que irá direto para o céu quando morrer, posto que ele tenha cumprido certas observâncias simples nesta vida, possui um prazer simples que não será seguido pelo mínimo desapontamento. Para muitas pessoas uma consideração semelhante parece ter seu peso no tocante a tópicos religiosos, pois ouvimos frequentemente ser dito: "Oh, eu não poderia acreditar nisto ou naquilo porque deveria ser um desventurado se o fizesse". Quando uma avestruz enterra sua cabeça na areia ao aproximar-se o perigo, muito provavelmente toma a rota mais feliz. Ela esconde o perigo, e então calmamente diz que não há perigo algum; e se sente de maneira perfeitamente segura que não há perigo, por que haveria de levantar a cabeça para ver? Um homem pode passar a vida mantendo sistematicamente fora de vista tudo o que poderia causar uma mudança em suas opiniões, e se conseguir apenas isso — baseando seu método, como o faz, em duas leis psicológicas fundamentais — não vejo o que possa ser dito contra seu modo de agir. Seria uma impertinência egoísta objetar que seu procedimento é irracional, pois isso se resume a dizer que seu método de estabelecer uma crença não é o nosso. Ele não se propõe a ser racional, e na verdade, falará, frequentemente com desdém, da fraca e ilusória razão humana. Assim, deixem-no pensar como queira.

Mas este método de fixar crenças, que pode ser chamado de método da tenacidade, será incapaz de, na prática, manter seu fundamento. O impulso social está contra ele. O homem que adotar tal método descobrirá que outros homens pensam de forma diferente, e pode lhe ocorrer-lhe, em algum momento de maior lucidez, que as opiniões deles sejam tão boas quanto as suas, e isso abalará sua confiança em sua própria crença.

Tal concepção, de que o sentimento ou o pensamento de outro homem possa ser equivalente aos seus próprios, é um passo distintivamente novo, e altamente importante. Surge de um impulso forte demais para ser suprimido sem que haja o perigo de destruir a espécie humana. A menos que nos tornemos eremitas, temos que necessariamente influenciar as opiniões uns dos outros; de modo que o problema vem a ser como fixar a crença, não meramente no indivíduo, mas na comunidade.

Permita-se a ação da vontade do Estado, então, em vez da do indivíduo; que se crie uma instituição que tenha por finalidade manter perante a atenção do povo certas doutrinas corretas, reiterando-as perpetuamente, ensinando-as aos jovens; possuindo, ao mesmo tempo, força para evitar que doutrinas contrárias sejam ensinadas, defendidas ou expressas. Permita-se que todas as possíveis causas de mudança intelectual sejam retiradas do alcance dos homens. Que se mantenham ignorantes, para que não aprendam alguma razão para pensar de forma distinta da que pensam. Que suas paixões sejam listadas, de maneira que possam encarar opiniões privadas e pouco habituais com ódio e horror. Então, que todos os homens que rejeitam a crença estabelecida sejam aterrorizados até o silêncio. Deixe-se as pessoas expulsarem e cobrirem com alcatrão e penas tais homens, ou que sejam feitas inquisições acerca do modo de pensar de pessoas suspeitas e, quando se descobrir que são culpados de crenças proibidas, que fiquem sujeitos a algum castigo exemplar. Quando o acordo total não puder ser alcançado de outra forma, um massacre geral de todos os que não pensam de determinado modo tem se provado ser um meio muito eficiente de estabelecer uma opinião num país. Se não houver poder suficiente para tanto, então que seja esboçada uma lista de opiniões, à qual nenhum homem com um mínimo de independência de pensar tenha como concordar, e deixe-se que os fiéis sejam instados a aceitar todas essas proposições, de forma a segregá-los tão radicalmente quanto possível da influência do resto do mundo.

Esse método tem sido, desde os tempos mais remotos, um dos principais meios de manter doutrinas teológicas e políticas corretas, e de preservar seu caráter universal ou católico. Em Roma, especialmente, tem sido praticado desde os dias de Numa Pompílio aos de Pio IX.¹² Este é o exemplo mais perfeito na história; onde quer que haja irmandade de sacerdotes — e nunca houve religião que não possuísse uma — tal método tem sido mais ou menos utilizado. Onde quer que haja uma aristocracia, ou uma corporação, ou qualquer associação de uma classe de homens cujos interesses dependam, ou supostamente dependam, de certas proposições, inevitavelmente encontrar-se-á alguns traços desse produto natural do sentimento social. Crueldades sempre acompanham este sistema; e quando o sistema é consistentemente levado a cabo, tornam-se atrocidades do tipo mais horrível aos olhos de qualquer homem racional. A ocorrência disso sequer deveria surpreender, pois o funcionário de uma tal sociedade não se sente justificado em renunciar aos interesses da sociedade pela causa da misericórdia, como poderia fazer no caso dos seus interesses pessoais. É natural, portanto, que simpatia e companheirismo devessem assim produzir o mais impiedoso poder.

Ao julgar tal método de fixação da crença, que pode ser chamado de método da autoridade, temos que, em primeiro lugar, conceder-lhe imensurável superioridade mental e moral em relação ao método da tenacidade. Seu sucesso é proporcionalmente maior; e, de fato, repetidamente produziu os mais majestosos resultados. As meras estruturas de pedra construídas por sua causa — no Sião, por exemplo, no Egito e na Europa — possuem muitas delas uma nobreza apenas rivalizada pelas maiores obras da Natureza. E, com exceção das eras geológicas, não existem períodos de tempo tão vastos como os que são medidos por alguns desses tipos de fé assim organizados. Se investigarmos o assunto de perto, descobriremos que não houve um único dos seus credos que tenha permanecido sempre o mesmo; contudo, a mudança é tão lenta a ponto de ficar imperceptível durante a vida de uma pessoa, de modo que a crença individual permanece sensivelmente fixada. Para a massa da humanidade, então, talvez não haja melhor método do que

---

12 NT.: Numa Pompílio foi o lendário segundo rei de Roma, que reinou entre 715-672 a.C. Já Pio IX foi Papa entre 1846-1878 d.C. Isso significa que o método da autoridade dirigiu Roma desde os tempos mais remotos e durante toda era cristã, pois Peirce redigiu este texto em 1877.

esse. Se seu impulso mais elevado é o de serem escravos intelectuais, então escravos deveriam permanecer.

Mas nenhuma instituição pode pretender regular as opiniões sobre todos os assuntos. Só os mais importantes podem ser cuidados e, no restante, as mentes dos homens devem ser deixadas à ação de causas naturais. Esta imperfeição não será fonte de fraqueza enquanto os homens permanecerem em tal estado de cultura no qual uma opinião não influencia outra — isto é, enquanto não possam somar dois mais dois. Mas na maioria dos estados sacerdotais encontrar-se-ão alguns indivíduos acima de tal condição. Tais homens possuem um tipo de sentimento social mais amplo; eles vêem que homens de outros países e de outras épocas sustentaram doutrinas muito diferentes das que foram levados a acreditar; e eles não podem evitar a percepção do mero acidente de terem sido ensinados como o foram, e de terem sido envolvidos pelas maneiras e associações que possuem, as quais os levaram a acreditar naquilo que acreditam, e não em outras coisas muito diferentes. E a sinceridade deles não pode resistir à reflexão de que não há qualquer razão para avaliar que suas crenças possuam um valor mais elevado do que as de outras nações e outros séculos; e isso levanta dúvidas em suas mentes.

Eles perceberão, ademais, que dúvidas tais como essas devem existir em suas mentes com respeito a toda crença que tenha a aparência de ser determinada por capricho, quer deles próprios ou daqueles homens que originaram as opiniões populares. A adesão voluntária a uma crença, e o arbítrio de impô-la aos outros, devem ser ambas abandonadas, e um novo método de estabelecer opiniões tem que ser adotado, o qual não deverá apenas produzir um impulso para se acreditar, mas também terá que decidir qual proposição deve vir a ser acreditada. Permita-se então que a ação das preferências naturais fique desimpedida, e sob a influência dela, deixem os homens, conversando juntos e considerando os problemas sob diferentes ângulos, desenvolverem gradualmente crenças em harmonia com as causas naturais. Este método parece aquele pelo qual as concepções de arte foram trazidas à maturidade. O exemplo mais perfeito disso encontra-se na história da filosofia metafísica. Sistemas desse tipo usualmente não repousam sobre quaisquer fatos observados, pelo menos não em grau elevado. Foram adotados principalmente porque suas proposições fundamentais pareciam "agradáveis à razão". Esta é uma expressão apropriada; não significa que concordem com a experiência, mas com aquilo que nos encontramos inclinados a acreditar. Platão, por exemplo, achava agradável à razão que as distâncias entre as distintas esferas celestes fossem proporcionais aos diferentes comprimentos de cordas que produzem acordes harmônicos.[13] Muitos filósofos foram levados às suas principais conclusões mediante considerações desse tipo; mas esta é a mais baixa e menos desenvolvida forma que o método pode assumir, pois é claro que um outro homem poderia achar que a teoria de Kepler, segundo a qual as esferas celestes são proporcionais às esferas inscritas e circunscritas de diferentes sólidos regulares, é mais agradável à sua razão. Mas o choque de opiniões logo levará os homens a se posicionarem sobre preferências de natureza bem mais universal. Tome-se, por exemplo, a doutrina de que o homem age apenas egoisticamente — isto é, a partir da consideração de que agir de uma certa maneira proporcionará mais prazer do que agir de uma outra. Tal teoria não se baseia em nenhum fato do mundo, mas tem havido uma ampla aceitação dela como sendo a única razoável.

Do ponto de vista da razão, esse método é bem mais intelectual e respeitável do que os outros dois sobre os quai discorremos. Mas suas falhas têm sido as mais manifestas. Faz da investigação algo similar ao desenvolvimento do gosto, mas o gosto, infelizmente, é sempre mais ou menos uma questão de moda e, assim, os metafísicos nunca chegaram a fixar qualquer acordo, de modo que o pêndulo das opiniões tem balançado para um lado e para outro, desde os tempos mais remotos até os mais recentes, entre uma filosofia mais material e uma mais espiritual. E a partir desse método, que tem sido chamado de método *a priori*, somos conduzidos, no linguajar de Lorde Bacon, a uma verdadeira indução. Analisamos esse método *a priori* como algo que prometia

---

13 NT.: Pode ser encontrado no *Timeu*; mas não se esgota aí, pois é um tema típico do pensamento de Pitágoras.

salvar nossas opiniões do seu elemento acidental e caprichoso. Mas seu desenvolvimento, embora seja um processo que elimina o efeito de algumas circunstâncias casuais, acaba intensificando o efeito de outras. Tal método, portanto, não difere essencialmente daquele da autoridade. O governo pode não ter levantado seu dedo para influenciar-me em minhas convicções; posso ter sido deixado praticamente livre para escolher, digamos, entre a monogamia e a poligamia e, apelando unicamente para minha consciência, posso ter concluído que a última prática é em si mesma licenciosa. Mas, quando venho a saber que o maior obstáculo à expansão do cristianismo, entre um povo de cultura tão elevada como os hindus, tem sido a convicção da imoralidade de nossa forma de tratar as mulheres, não posso evitar perceber que, muito embora os governos não interfiram, os sentimentos, no seu desenvolvimento, serão largamente determinados por causas acidentais. Agora, há algumas pessoas, dentre as quais devo supor que se encontra o meu leitor, que, quando vêem que algumas de suas crenças são determinadas por quaisquer circunstâncias estranhas aos fatos, a partir de tal momento, admitirão não meramente em palavras que sua crença é duvidosa, mas experimentarão uma dúvida real acerca disso, de modo que ela deixa de ser uma crença.

Para satisfazer as nossas dúvidas, por conseguinte, é necessário que se encontre um método pelo qual as nossas crenças possam ser causadas por algo em nada humano, mas por alguma permanência externa — por alguma coisa sobre a qual o nosso pensar não tenha efeito. Alguns místicos imaginam que possuem tal método numa inspiração particular vinda do alto. Mas isso é apenas uma forma do método da tenacidade, no qual a concepção de verdade como algo público não foi ainda desenvolvida. A permanência externa não seria externa, no sentido aqui usado, se sua influência se restringisse a apenas um indivíduo. Tem de ser algo que afete, ou que pudesse afetar, a todo o homem. E, embora tais afecções sejam necessariamente tão variadas quanto são as condições individuais, todavia o método deve ser tal que as conclusões finais de todos os homens sejam as mesmas. Tal é o método da ciência. Sua hipótese fundamental, colocada numa linguagem mais familiar, é a seguinte: existem coisas reais, cujos caracteres são inteiramente independentes de nossas opiniões acerca delas. Essas realidades afetam nossos sentidos segundo leis regulares e, embora nossas sensações sejam tão diferentes quanto o são nossas relações com os objetos, contudo, aproveitando-se as leis da percepção, podemos averiguar pelo raciocínio como as coisas realmente são, e qualquer homem, se possuir suficiente experiência e raciocinar o bastante sobre o assunto, será levado à conclusão verdadeira. A concepção nova aqui envolvida é a de realidade. Podem perguntar-me como eu sei que existem realidades. Se essa hipótese é o único suporte do meu método de investigação, meu método de investigação não deve ser utilizado na sustentação de minha hipótese. A resposta é esta: 1) Se a investigação não pode ser considerada como probatória de que existem coisas reais, ao menos ela não conduz à conclusão contrária; todavia, o método e a concepção sobre o qual ele se baseia permanecem sempre em harmonia. Nenhuma dúvida de método, por conseguinte, surge de sua prática, como é o caso para todos os outros. 2) O sentimento que origina a todos os métodos de fixar crença é uma insatisfação diante de duas proposições contrárias. Mas aqui já se encontra uma vaga concessão de que existe *algo* ao qual uma proposição deve conformar-se. Destarte, ninguém pode realmente duvidar de que existem realidades, ou então, se o fizesse, a dúvida não seria uma fonte de insatisfação. Esta hipótese, consequentemente, é uma coisa que todo intelecto admite, de modo que o impulso social não me leva a duvidar dela. 3) Todos usam o método científico para muitas coisas, e apenas cessam de utilizá-lo quando não sabem como aplicá-lo. 4) A experiência do método não tem levado a duvidar dele, mas, pelo contrário, a investigação científica tem proporcionado os mais maravilhosos triunfos no modo de estabelecer a opinião. Tais triunfos fornecem a explicação do meu não duvidar do método ou da hipótese por ele suposta; e não tendo qualquer dúvida, nem acreditando que o tenha qualquer outra pessoa que eu pudesse influenciar, para mim seria mero palavrório dizer mais sobre o assunto. Se houver alguém com uma dúvida viva sobre o assunto, deixem-no considerá-la.

Descrever o método da investigação científica é a finalidade desta série de ensaios. Por ora, só tenho espaço para salientar alguns pontos de contraste entre ele e os outros métodos de fixar a crença.

Este é o único dos quatro métodos que apresenta alguma distinção entre um caminho certo e um errado. Se eu adotar o método da tenacidade e evitar a todas as influências, o que quer que eu pense ser necessário, já é necessário de antemão segundo tal método. O mesmo para o método da autoridade: o Estado pode tentar acabar com uma heresia por meios que parecem muito mal calculados para atingir os objetivos, de um ponto de vista científico; mas o único teste *para o método da autoridade* é exatamente o que o Estado pensa, de forma que ele não pode seguir o método de maneira errada. Também é o que acontece com o método *a priori*. A própria essência dele é pensar o que se está inclinado a pensar. Todos os metafísicos estarão seguros de fazê-lo, embora possam estar inclinados a julgar-se, uns aos outros, perversamente errados. O sistema Hegeliano reconhece toda a tendência natural do pensamento como sendo de natureza lógica, mesmo que venha a ser abolida por contra-tendências. Hegel[14] imagina que existe um sistema regular na sucessão dessas tendências, em consequência do qual a opinião acabará correta ao final, depois de ficar à deriva por um longo período de tempo. E é bem verdade que os metafísicos chegam por fim a certas ideias corretas, de modo que o sistema hegeliano da Natureza representa toleravelmente a ciência de sua época; e pode-se estar certo de que qualquer coisa que a investigação científica tenha colocado fora de dúvida, receberá, da parte dos metafísicos, uma demonstração *a priori*. Mas para o método científico o caso é diferente. Posso começar com fatos conhecidos e observados no intuito de enveredar no desconhecido, e, contudo, as regras que sigo, ao fazê-lo, podem não ser as que a investigação aprovaria. O teste sobre se estou seguindo verdadeiramente o método não é um apelo imediato aos meus sentimentos e propósitos, mas, pelo contrário, envolve em si mesmo a aplicação do método. Por isso é que o mau raciocínio, assim como bom, são ambos possíveis, e tal fato é o fundamento do lado prático da lógica.

Não que os três primeiros métodos de estabelecer a opinião não apresentem qualquer vantagem sobre o método científico. Pelo contrário,

---

14 NT.: Georg Wilhelm Friedrich Hegel (1770-1831), famoso representante do idealismo alemão, defendia que o método dialético (confrontação entre tese e antítese, e posterior síntese) levaria o pensamento à verdade.

cada um possui sua conveniência particular. O método *a priori* distingue-se por suas conclusões confortáveis. É da natureza desse processo adotar qualquer crença para a qual estejamos inclinados, e há certas lisonjas para a vaidade humana nas quais todos acreditamos por natureza, até sermos acordados do nosso agradável sonho por alguns fatos rudes. O método da autoridade sempre governará a massa da humanidade; e aqueles que dominam as várias formas de força organizada dentro do Estado nunca ficarão convencidos de que um pensamento perigoso não deveria ser suprimido de algum modo. Se a liberdade de expressão vier a ser desembaraçada das formas mais grosseiras de coação, então a uniformidade de opinião será assegurada por um terrorismo moral, e a respeitabilidade da sociedade dará sua completa aprovação para isso. Seguir o método da autoridade é o caminho da paz. Certas inconformidades são permitidas, outras (consideradas inseguras) são proibidas. Essas opiniões diferem em distintos países e em diferentes épocas, mas, onde quer que você esteja, deixe que saibam que você seriamente mantém uma crença tabu, e então poderá estar perfeitamente seguro de que será tratado com uma crueldade menos brutal, mas mais refinada do que se lhe caçassem como a um lobo. Assim, os maiores benfeitores intelectuais da humanidade nunca ousaram, e não ousam ainda hoje, enunciar a totalidade do seu pensamento; e assim uma sombra de dúvida *prima facie* se lança sobre toda proposição considerada essencial à segurança da sociedade. Bastante singularmente, a perseguição não vem toda de fora; um homem atormenta a si mesmo, e frequentemente fica muitíssimo angustiado, ao encontrar-se acreditando em proposições que anteriormente fora levado a considerar com aversão. O homem pacífico e compreensivo, portanto, achará difícil resistir à tentação de submeter suas opiniões à autoridade. Entretanto, eu admiro o método da tenacidade mais do que todos, por sua força, simplicidade e pelo fato de ser direto. Homens que seguem tal método distinguem-se por seu caráter resoluto, que se torna muito fácil admitindo-se uma tal regra mental. Eles não perdem tempo tentando desenvolver o que querem em suas mentes, mas, como um relâmpago, abraçam qualquer alternativa que lhes apareça primeiro, mantêm-na até o fim, aconteça o que acontecer, sem sequer um instante de hesitação. Esta é uma das esplêndidas qualidades que geralmente acompanham o sucesso brilhante e imediato. É impossível não invejar o homem que consegue desprezar a razão, embora saibamos no que isso resulta ao final.

Tais são as vantagens que os outros métodos de estabelecer a opinião possuem sobre a investigação científica. Um homem deve ponderar bem acerca disso, e depois deve considerar que, afinal de contas, ele deseja que suas opiniões coincidam com os fatos, e que não há razão que sustente que os resultados desses três primeiros métodos façam isso. Ocasionar esse efeito é a prerrogativa do método da ciência. Sob tais considerações, o sujeito tem de fazer sua escolha — uma escolha que é muito mais que a adoção de qualquer opinião intelectual, uma escolha decisiva para sua vida, que, uma vez tomada, obriga-o a aderir. Às vezes, a força do hábito fará com que um homem se agarre a velhas crenças, mesmo depois de estar em condição de ver que elas não possuem bases corretas. Mas a reflexão sobre o estado disso sobrevirá a tais hábitos, e o homem terá que conceder à reflexão todo seu peso. As pessoas às vezes se recusam a fazê-lo, pois não conseguem evitar a ideia de que as crenças são todas sem fundamento. Mas que essas pessoas imaginem um caso análogo conquanto distinto do deles próprios. Que se perguntem a si mesmas o que diriam a um muçulmano convertido que hesitasse em abandonar suas antigas crenças a respeito das relações entre os sexos, ou o que diriam a um católico que se recusasse a ler a Bíblia. Não diriam eles que tais sujeitos deveriam considerar a questão plenamente, de maneira a entender claramente a nova doutrina, e que então deveriam abraçá-la, na sua totalidade? Mas, acima de tudo, que considerem se a integridade da crença é mais saudável do que qualquer crença particular, e esquivar-se de inspecionar o suporte de qualquer crença, por causa do medo de que ele se revele apodrecido, é tão imoral quanto desvantajoso. A pessoa que reconhece que existe algo tal como a verdade, verdade que se distingue da falsidade simplesmente porque sua ação nos leva ao ponto que desejamos atingir e não o contrário, mas que, então, muito embora esteja convencida disso, não se atreve a conhecer a verdade e procura evitá-la, tal pessoa encontra-se realmente num estado de espírito lamentável.

Sim, os outros métodos possuem seus méritos: uma clara consciência lógica tem seu preço — assim como nos custa caro qualquer virtude bem como tudo o que estimamos. Mas não devemos desejar que seja de outra forma. O gênio do método lógico de um homem deve ser amado e reverenciado como se fosse sua noiva, escolhida dentre todas as do mundo. Ele não precisa menosprezar as outras mulheres, pelo contrário, pode honrá-las profundamente, e assim fazendo ele honra a sua ainda mais. Todavia, ela é aquela que ele escolheu, e ele sabe que estava certo ao fazer tal escolha. E tendo feito, trabalhará e lutará por ela, e não reclamará dos golpes que levar, esperando que possam ser tantos e tão duros quanto os que ele desfere em resposta. Tal homem esforçar-se-á para ser o valente cavaleiro e campeão da mulher de cujos esplendores ele retira sua inspiração e sua coragem.

2
Como tornar nossas ideias claras

I

Quem já tiver folheado um tratado moderno de lógica, daqueles do tipo usual, com certeza se lembrará de duas distinções, uma entre concepções *claras* e *obscuras*, e outra entre concepções *distintas* e *confusas*. São distinções que há quase dois séculos se encontram nos livros, sem terem sido provadas nem modificadas, e geralmente os lógicos as consideram como as joias de sua doutrina.

Diz-se que uma ideia é clara quando ela é apreendida de maneira tal que a reconhecemos onde quer que ela se apresente, de modo que ela nunca será confundida com outra. Se faltar essa clareza, dir-se-á que tal ideia é obscura.

Trata-se de uma terminologia filosófica típica, todavia, já que se está definindo o que é clareza, eu gostaria que os lógicos tivessem dado uma definição um pouco mais clara. Jamais falhar no reconhecimento de uma ideia, e não confundi-la com outra, em nenhuma circunstância, não importando quão recôndita possa ser sua forma, na verdade implicaria em tal força e tal clareza do intelecto, tão prodigiosas, raramente existentes neste mundo. Por outro lado, o mero travar contato [*acquaintance*] com uma ideia, de modo a familiarizar-se com ela e não ter nenhuma hesitação em reconhecê-la nos casos comuns, dificilmente parece merecer o nome de clareza de apreensão, já que, afinal, isso apenas tem a ver com um sentimento subjetivo de perícia, que pode estar inteiramente equivocado. Entretanto, tenho para mim que quando os lógicos falam de "clareza", ela nada mais significa do que tal familiaridade com uma ideia, visto que consideram essa qualidade como um mérito menor, que precisa ser complementada por uma outra, chamada *distinção*.

Diz-se que uma ideia é distinta quando ela não contém nada que não seja claro. Trata-se também de linguagem técnica; por *conteúdos* de uma ideia os lógicos entendem o quer que esteja contido na sua definição. Para eles, uma ideia é apreendida de maneira distinta quando podemos dar uma definição precisa dela, em termos abstratos. Nesse ponto, os lógicos profissionais abandonam o assunto; e eu não teria incomodado o leitor com o que eles dizem, se tal coisa não fosse um exemplo notável de como eles cochilaram durante séculos de atividade intelectual, ignorando a engenharia do pensamento moderno, e sequer sonhando em aplicar suas lições no desenvolvimento da lógica. É fácil mostrar que tal doutrina, a de que o uso familiar e a distinção abstrata fazem a perfeição da apreensão, tem como seu verdadeiro lugar filosofias que se extinguiram há bastante tempo e agora é hora de formular um método de conseguir uma clareza ainda mais perfeita do pensamento, tal como vemos e admiramos nos pensadores contemporâneos.

Quando Descartes empreendeu a reconstrução da filosofia, seu primeiro passo foi (teoricamente) permitir o ceticismo e descartar a prática dos escolásticos de ver a autoridade como origem última da verdade. Feito isso, buscou uma fonte mais natural dos verdadeiros princípios, e disse achá-la na mente humana; passando assim, pela via mais direta, do método da autoridade para o da aprioridade, como descrito no meu primeiro artigo.[1] A autoconsciência nos forneceria nossas verdades fundamentais, e decidiria o que seria agradável à razão. Mas visto que, evidentemente, nem todas as ideias são verdadeiras, Descartes foi levado a assinalar que, como primeira condição de infabilidade, as ideias tinham de ser claras. A distinção entre uma ideia *aparentemente* clara e uma que

---

1 NT.: O leitor deve notar como este artigo remete diretamente a Descartes, particularmente no que tange aos critérios de clareza e distinção de uma ideia. Mas deve também perceber que Peirce não deveria ser entendido, como às vezes se diz, como um pensador anti-cartesiano. Peirce deveria ser denominado pelo epíteto de para-cartesiano, isto é, como tributário de Descartes, mas que toma um caminho paralelo. Ele acha que os critérios de clareza e distinção, oriundos da intuição, não são suficientes. Adiciona então um terceiro critério, o da consideração dos efeitos práticos sensíveis de uma ideia, como será visto adiante.

realmente o é, nunca lhe ocorreu. Confiando na introspecção, tal como confiava, mesmo para o conhecimento de coisas exteriores, porque haveria ele de questionar seu testemunho no que concerne aos conteúdos de nossas próprias mentes? Mas então, suponho, vendo homens, que pareciam estar esclarecidos e certos, defenderem opiniões contrárias acerca de princípios fundamentais, ele foi levado a dizer, ademais, que a clareza das ideias não é suficiente, e que elas também precisam ser distintas, isto é, não pode haver nada obscuro acerca delas. O que ele provavelmente quis dizer com isso (pois não explicou com precisão) foi que elas tinham de suportar o teste do exame dialético, que elas devem ser claras não somente de início, mas de maneira tal que a discussão nunca traga à luz pontos de obscuridade ligados a ela.

Essa foi a distinção feita por Descartes, e percebe-se que estava precisamente à altura de sua filosofia. De certa forma tal distinção foi desenvolvida por Leibniz. Este grande e singular gênio foi tão notável no que falhou em ver como no que viu. Para ele, era perfeitamente evidente que uma peça de um mecanismo não podia trabalhar perpetuamente sem que fosse de alguma forma alimentado com energia; todavia, ele não percebeu que a maquinaria da mente só pode transformar conhecimento, mas nunca originá-lo, a menos que fosse alimentada com os fatos de observação. Assim, ele não se deu conta do ponto mais essencial da filosofia cartesiana, qual seja, que aceitar proposições que nos parecem perfeitamente evidentes é algo que não podemos evitar, seja isso lógico ou ilógico. Ao invés de considerar a questão dessa maneira, ele procurou reduzir os primeiros princípios da ciência a fórmulas que não podem ser negadas sem autocontradição, e aparentemente não se apercebeu da grande diferença entre sua posição e a de Descartes. Desse modo, retornou às velhas formalidades da lógica e, acima de tudo, na sua filosofia foram as definições abstratas que desempenharam um papel importante. Portanto, ao observar que o método de Descartes sofria com a dificuldade de que pode parecer que temos apreensões claras, mas que na verdade são muito vagas, foi quase natural que não tenha ocorrido a Leibniz remédio melhor do que exigir uma definição abstrata para todos os termos importantes. Desse modo, ao adotar a distinção entre noções claras e distintas, descreveu a última qualidade como sendo a clara apreensão de tudo o que há contido na definição, e desde então os livros copiam suas palavras. Não há perigo de que seu esquema quimérico venha a ser de novo superestimado. Nada de novo se pode aprender analisando definições. Não obstante, nossas crenças existentes podem ser postas em ordem por esse processo, e a ordem é um elemento essencial da economia intelectual, assim como de qualquer outra. Pode-se reconhecer, por conseguinte, que os livros estão certos em estipular a familiaridade com uma noção como sendo o primeiro passo em direção à clareza de apreensão, e a definição dessa noção como sendo o segundo. Mas ao omitir toda a referência a qualquer perspicácia superior do pensamento, simplesmente refletiram uma filosofia posta por terra há cem anos. Esse admiradíssimo "ornamento da lógica" — a doutrina da clareza e distinção — pode ser muito bonito, mas já está mais do que na hora de relegar à sala das curiosidades tal joia antiga, e passarmos a usar algo mais adaptado aos costumes modernos.

A primeira grande lição que temos o direito de exigir que a lógica nos ensine é como tornar as nossas ideias claras; e é uma das mais importantes, sendo desprezada apenas pelas mentes que dela mais necessitam. Saber o que pensamos, para sermos senhores do que queremos dizer, constituirá um fundamento sólido para o pensamento. Pessoas cujas ideias são pobres e limitadas aprendem isso mais facilmente e elas são muito mais felizes do que aquelas que se revolvem desamparadas num rico lamaçal de concepções. É bem verdade que uma nação pode, no decorrer de gerações, sobrepujar a desvantagem de uma excessiva riqueza de sua língua e seu respectivo correlato natural, uma enorme e incomensurável profundeza das ideias. Podemos ver isso na história, quando lentamente se aperfeiçoam as formas literárias, abandonando--se finalmente a metafísica e, graças à inesgotável paciência, que frequentemente é uma compensação, alcança-se uma grande excelência em todos os ramos do trabalho intelectual. Mas ainda não se desenrolou a página da história que nos dirá se tal povo conseguirá ou não, no longo prazo, prevalecer sobre uma outra nação, cujas ideias (tal como as palavras de sua língua) são poucas, mas que possui um admirável domínio sobre as palavras que dispõe. Para um indivíduo, entretanto, não pode haver dúvida de que umas poucas ideias claras são muito mais valiosas do que muitas confusas. Um jovem dificilmente será persuadido a sacrificar a maior parte dos seus pensamentos para salvar o resto, e a cabeça confusa é a menos apta a perceber a necessidade de tal sacrifício. Dessa pessoa, usualmente, podemos apenas ter pena, como alguém que possui um defeito congênito. O tempo irá ajudá-la; entretanto, a maturidade intelectual com respeito à clareza chega muito tarde, o que é um arranjo infeliz da Natureza, ainda mais porque a clareza é de menor utilidade para um homem arranjado na vida, cujos erros em larga medida já tiveram seus efeitos, do que para alguém cujo caminho ainda está a sua frente. É terrível ver como uma única ideia confusa, uma única fórmula sem significado, escondida na cabeça de um jovem, por vezes atuará como uma obstrução de uma artéria, impedindo a nutrição do cérebro, condenando sua vítima a definhar na abundância do seu vigor e plenitude intelectual. Muitas pessoas mantêm por anos, como por *hobby*, alguma vaga sombra de uma ideia, demasiadamente sem significado para ser positivamente falsa; não obstante, amam-na apaixonadamente, fazendo dela sua companheira noite e dia, dedicando-lhe sua força e sua vida, deixando de lado todas as outras ocupações por causa dela. Em suma, vivem com ela e para ela, até que ela se torna carne de sua carne e sangue de seu sangue; depois, acordam numa manhã radiante e verificam que tal ideia vaga desapareceu, que se foi como a bela Melusina da fábula, e que a essência de sua vida se foi com ela.[2] Eu mesmo conheci um homem tal como esse; e quem pode dizer quantas histórias existem de geômetras de círculos quadrados, metafísicos, astrólogos, e o que mais, em velhos contos germânicos?

---

2 NT.: A fábula de Melusina foi bastante popular por volta do XV. Trata-se de uma personagem mítica, semelhante à Dama do Lago. Casara-se com um fidalgo, Raymond de la Fôret, mas dera a luz a filhos deformados. Certa feita o marido surpreendeu Melusina no banho, descobrindo que da cintura para baixo ela era uma serpente branca e azul, ficando chocado com isso. Curiosamente, a primeira esposa de Peirce se chamava Harriet Melusina Fay Peirce, de quem se separara em meio a muitos rumores. Parece que Peirce usou a oportunidade como uma velada alusão ao fim de seu casamento.

II

Os princípios estabelecidos no primeiro destes ensaios conduzem, de imediato, ao método de alcançar clareza de pensamento num grau bem superior à "distinção" dos lógicos. Descobrimos que a ação do pensamento é excitada pela irritação da dúvida, e que cessa quando se atinge a crença, de modo que a produção da crença é a única função do pensamento. Todas essas palavras são, no entanto, demasiado fortes para os meus propósitos. É como se eu descrevesse os fenômenos tal como aparecem sob um microscópio mental. As palavras Dúvida e Crença, do jeito como são habitualmente usadas, referem-se a questões religiosas ou a outras bastante sérias. Mas aqui eu as utilizo para designar o início de qualquer questão e a resolução dela, não importando se é grande ou pequena. Se, por exemplo, num bonde, eu pegar minha carteira e verificar que tenho uma moeda de cinquenta centavos e cinco moedas de dez, vou decidir, enquanto ponho a mão na carteira, de que maneira é que vou pagar a passagem. Chamar tal questão de uma Dúvida, e minha decisão de uma Crença, certamente é usar as palavras de uma maneira bem desproposta para a ocasião. Dizer que essa dúvida causa uma irritação que precisa ser aplacada, sugere um temperamento irritadiço à beira da loucura. Todavia, olhando de perto o assunto, há de se admitir que, se houver a menor hesitação sobre como pagarei a passagem, se com a moeda de cinquenta ou se com cinco de dez (e de certo haverá hesitação, a menos que eu aja de uma maneira previamente estipulada pelo hábito), muito embora a palavra irritação seja demasiadamente forte, ainda assim fico excitado por tal atividade mental pequena, mas necessária para que eu decida o modo como devo agir. Na maioria vezes, as dúvidas surgem de alguma indecisão, ainda que momentânea, de nossa ação. Às vezes não acontece assim. Por exemplo, quando estou aguardando numa estação de trem e, para passar o tempo, fico lendo os horários afixados na parede, comparando as vantagens de diferentes comboios e diferentes trajetos, que imagino nunca ter que tomar, simplesmente fantasiando estar num estado de hesitação porque me encontro entediado por não ter nada com que me preocupar. Uma hesitação assim simulada, seja por pura diversão ou por um propósito elevado, desempenha um grande papel na produção da investigação científica. Independentemente de como a dúvida se origina, ela estimula a mente a uma atividade que pode ser fraca ou enérgica, calma ou turbulenta. As imagens passam rapidamente pela consciência, misturando-se incessantemente umas nas outras, até que por último, quando tudo acaba — o que pode ser numa fração de um segundo, uma hora, ou após muitos anos — decidimos sobre como agir em circunstâncias como aquelas que ocasionaram nossa hesitação. Em outras palavras, alcançamos a crença.

    Nesse processo observamos dois tipos de elementos da consciência, cuja distinção pode ficar mais clara mediante um exemplo. Numa peça musical existem as notas separadas e existe a melodia. Uma nota isolada pode prolongar-se por uma hora ou um dia, e dar-se-á tão perfeitamente em cada segundo desse tempo como no todo tomado em seu conjunto, de modo que, enquanto soar, pode estar presente em um sentido, a partir do qual tudo no passado estava tão completamente ausente como o próprio futuro. Mas isso é diferente com a melodia, cuja execução leva certo intervalo, no qual as partes só são tocadas durante um período. Ela consiste numa ordenação da sequência de sons que afetam o ouvido em tempos diferentes, e para percebê-la deve haver alguma continuidade da consciência que faça com que os acontecimentos de um intervalo de tempo continuem presentes para nós. Certamente, só percebemos a melodia ouvindo as notas separadas; todavia, não podemos dizer que a ouvimos diretamente, pois só ouvimos o que está presente em cada instante, e uma ordenação sequencial não pode existir num instante. Esses dois tipos de objetos, aquilo que estamos *imediatamente* conscientes e aquilo que estamos *mediatamente* conscientes, encontram-se em todas as consciências. Alguns elementos (as sensações) estão completamente presentes a cada instante que durarem, enquanto que outros (como o pensamento) são ações que têm começo, meio e fim, e consistem numa congruência na sucessão de sensações que fluem através da mente. Tal objeto não pode estar imediatamente presente, mas deve cobrir certa porção do passado ou do futuro. O pensamento é a linha melódica que perpassa a sucessão de nossas sensações.

Ademais, assim como uma peça musical pode ser escrita em partes, cada uma tendo sua própria melodia, sistemas de relações de sucessão subsistem conjuntamente entre as mesmas sensações. Esses diferentes sistemas se distinguem por terem diferentes motivos, ideias ou funções. O pensamento é apenas um desses sistemas, tendo por seu único motivo, ideia ou função, produzir a crença, e tudo o que não fizer parte desse propósito pertencerá a algum outro sistema de relações. Incidentalmente, a ação do pensar pode ter outros resultados; pode servir para divertir-nos, por exemplo, e entre os *dilettanti* não é raro encontrar pessoas que perverteram de tal modo o pensamento, para fins de divertimento, que lhes parece um incômodo pensar que as questões que gostam de debater possam vir a ser um dia resolvidas; e recebem com manifesto desgosto as descobertas positivas que colocam seus assuntos prediletos fora da arena do debate literário. Tal disposição é a verdadeira devassidão do pensamento. Mas a alma e o sentido do pensamento, abstraídos de outros elementos que os acompanham, embora possam ser voluntariamente frustrados, nunca se dirigirão para outra coisa senão para a produção da crença. O pensamento em movimento tem como seu único motivo possível alcançar o pensamento estático; e tudo aquilo que não se referir à crença não faz parte do pensamento propriamente dito.

E o que é, então, a crença? É a semi-cadência [*demi-cadence*] que fecha uma frase musical na sinfonia da nossa vida intelectual. Vimos que possui precisamente três propriedades: primeira, é algo de que nos damos conta; segunda, aplaca a irritação da dúvida; e, terceira, envolve o estabelecimento de uma regra de ação em nossa natureza, ou, sendo breve, um hábito. Quando aplaca a irritação da dúvida, que é o motivo do pensar, o pensamento relaxa, e fica em repouso por um momento ao alcançar a crença. Mas, visto que a crença é uma regra de ação, cuja aplicação implica dúvidas adicionais e pensamentos adicionais, então é, ao mesmo tempo, um lugar de chegada e também uma nova largada para o pensamento. O resultado *final* do pensar é o exercício da volição; e tal exercício já não faz mais parte do pensamento. Mas a crença é apenas um estágio da ação mental, um efeito do pensamento sobre nossa natureza, que influenciará o pensar futuro.

A essência da crença é o estabelecimento de um hábito e diferentes crenças distinguem-se pelos diferentes modos de ação a que dão origem. Se as crenças não diferirem nesse aspecto, se elas apaziguarem a mesma dúvida pela produção da mesma regra de ação, então as meras diferenças na maneira pela qual temos consciência delas não podem torná-las crenças diferentes, assim como tocar a mesma nota em oitavas diferentes não significa tocar notas diferentes. Distinções imaginárias são frequências feitas entre crenças que diferem somente no seu modo de expressão; — entretanto, é bem real a disputa que daí resulta. Acreditar que certos objetos se ordenam como na Fig. 1, ou acreditar que se ordenam como na Fig. 2, são na verdade a mesma crença; todavia, é possível conceber que alguém afirme uma das proposições e negue a outra. Tais falsas distinções são tão nocivas quanto confundir crenças realmente diferentes, e temos que constantemente ficar alertas contra armadilhas dessa natureza, especialmente quando nos encontramos em terreno metafísico. Uma ilusão deste tipo particular, que frequentemente ocorre, é confundir a sensação produzida pela obscuridade de nosso próprio pensamento com alguma característica do objeto que estamos a pensar. Ao invés de perceber que a obscuridade é puramente subjetiva, imaginamos que contemplamos uma qualidade essencialmente misteriosa do objeto; e se essa concepção nos for posteriormente apresentada de um modo claro, acabamos não a reconhecendo como sendo a mesma, devido à ausência do sentimento de ininteligibilidade.

Fig. 1   Fig. 2

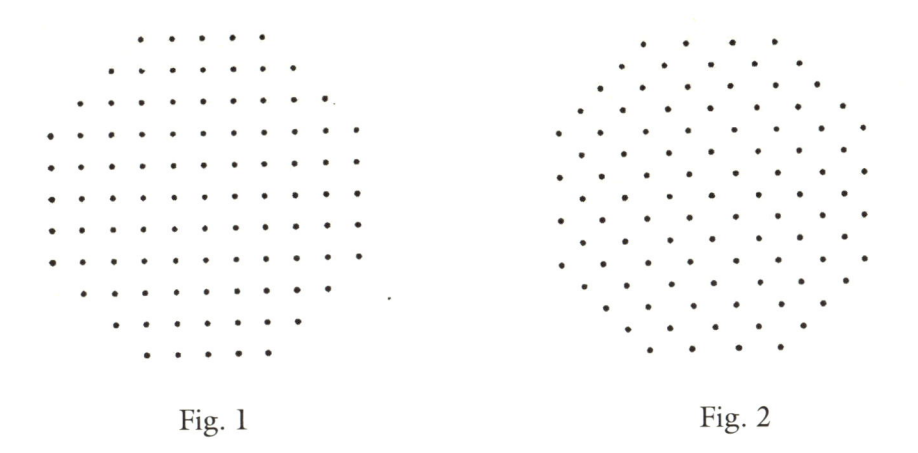

Enquanto durar essa ilusão, obviamente, ela será um obstáculo incontornável no caminho de um pensamento perspicaz, de modo que tanto interessa aos adversários do pensamento racional perpetuá-la, quanto interessa aos seus partidários precaverem-se contra ela.

Outra ilusão do mesmo gênero consiste em confundir uma mera diferença na construção gramatical de duas palavras com uma distinção entre as ideias que elas exprimem. Nesta época pedante, quando a ralé dos escritores presta muito mais atenção às palavras do que às coisas, esse erro é muito comum. Quando eu disse que o pensamento é uma ação, e que isso consiste em uma relação, embora uma pessoa possa realizar uma ação, mas não uma relação, pois esta última só pode ser o resultado de uma ação, na verdade não há qualquer inconsistência naquilo que disse, mas tão somente uma imprecisão gramatical.

Estaremos completamente a salvo de todos esses sofismas tão logo refletirmos que toda a função do pensamento é produzir hábitos de ação e que qualquer coisa que esteja ligada a um pensamento, mas que seja irrelevante para esse propósito, é um acréscimo a ele, mas não parte dele. Se houver uma unidade entre nossas sensações que não possui referência ao modo como devemos agir numa dada ocasião, como quando ouvimos uma peça musical, não chamamos isso de pensamento. Para desenvolver seu significado, temos que, portanto, simplesmente determinar quais hábitos são produzidos, pois o significado de uma coisa é simplesmente o hábito que ela envolve. Ora, a identidade de um hábito depende de como ele nos induziria a agir, não meramente nas circunstâncias em que surgem, mas também em outras circunstâncias possíveis, não importando quão improváveis possam ser. O hábito é dependente do *quando* e do *como* ele nos leva a agir. No que concerne ao *quando*, todo estímulo para a ação deriva da percepção; no que concerne ao *como*, todo propósito da ação é produzir algum resultado sensível. Assim, considera-se como raiz de qualquer distinção real do pensamento aquilo que é tangível e prático, não importando quão sutil isso possa ser; e não há diferença de significado, por mais delicada que seja, que não consista em alguma possível diferença de prática.

Para ver ao que esse princípio leva, considere-se à sua luz alguma doutrina, tal como a da transubstanciação. As igrejas protestantes geralmente defendem que os elementos da eucaristia são carne e sangue apenas em sentido figurado, são coisas que alimentam nossas almas assim como a carne e o vinho o fazem em nossos corpos. Mas os católicos afirmam que esses elementos são literalmente carne e sangue, embora possuam todas as qualidades sensíveis de hóstia e de vinho diluído. Contudo, não podemos ter outra concepção de vinho senão o que faz parte de uma crença; então, ou:

1) Que isto, isso ou aquilo é vinho; ou
2) Que o vinho possui certas propriedades.

Tais crenças não são mais do que autoindicações de que, em certas ocasiões, deveremos agir, com relação a tais coisas que se acredita serem vinho, de acordo com as qualidades que acreditamos que o vinho possui. A ocasião para tal ação seria alguma percepção sensível, o motivo dela produzir algum resultado sensível. Portanto, a nossa ação possui referência exclusiva ao que afeta os sentidos, o nosso hábito tem o mesmo comportamento de nossa ação, a nossa crença o mesmo que nosso hábito, e a nossa concepção o mesmo que a nossa crença; por conseguinte, nada podemos significar por vinho senão aquilo que tem certos efeitos, diretos ou indiretos, sobre nossos sentidos; e dizer que algo possui todas as características do vinho, mas na realidade é sangue, são palavras à toa. Agora, não tenho por objetivo investigar uma questão teológica, e como a usei apenas para um exemplo lógico, deixo-a de lado sem a preocupação de antecipar-me à resposta dos teólogos. Apenas desejo mostrar como é impossível que tenhamos uma ideia que não se relacione com os efeitos sensíveis concebidos acerca das coisas. Nossa ideia de qualquer coisa é nossa ideia de seus efeitos sensíveis, e se imaginarmos que temos alguma outra, estaremos enganando a nós mesmos, confundindo o pensamento, propriamente dito, com uma mera sensação que o acompanha. É um absurdo dizer que o pensar tem algum significado não relacionado à sua única função. É uma besteira que os católicos e os protestantes se imaginem em desacordo acerca de elementos da eucaristia, se concordam acerca de todos os efeitos sensíveis da mesma, agora ou daqui para diante.

Parece, então, que a regra para atingir o terceiro grau de clareza de apreensão é a seguinte: Considere-se quais efeitos que concebivelmente teriam atuações práticas, os quais imaginamos que o objeto de nossa concepção possua. Então, nossa concepção desses efeitos é o conjunto de nossa concepção do objeto.

III

Passemos a ilustrar essa regra com alguns exemplos; e, para começar com o mais simples possível, indaguemos o que queremos dizer ao chamar uma coisa de *dura*. Evidentemente, significa que ela não será arranhada por muitas outras substâncias. A concepção completa dessa qualidade, tal como a de qualquer outra, reside nos seus efeitos concebíveis. Não há absolutamente nenhuma diferença entre uma coisa dura e uma coisa mole enquanto não forem postas à prova. Suponha-se, então, que um diamante pudesse cristalizar-se dentro de uma almofada de algodão macio, e aí permanecesse até que fosse finalmente queimado. Seria falso dizer que aquele diamante era mole? Essa questão parece boba, e de fato o seria, exceto no que concerne sua lógica. Questões como essa frequentemente são da maior utilidade para se realçar princípios lógicos, o que se torna difícil em discussões reais. Ao estudar lógica não podemos eliminar tais questões com respostas apressadas, mas devemos considerá-las com cuidadosa atenção, com intuito de revelar os princípios envolvidos. No presente caso, podemos modificar a questão, e perguntar o que é que nos impede de dizer que todos os corpos duros permanecem perfeitamente moles até que sejam tocados, e que sua dureza aumenta com a pressão até serem arranhados. A reflexão mostrará que a resposta é a seguinte: não haveria *falsidade* nessas maneiras de expressar a questão. Certamente implicaria numa modificação do uso que fazemos das palavras duro e mole, mas não com relação ao seu significado. Pois não representam os fatos de maneira diferente do que eles são, apenas envolvem rearranjos de fatos de maneira extremamente desastrada. Isso nos leva a notar que a questão sobre o que ocorreria em circunstâncias que realmente não ocorrem não é uma questão de fato, mas somente sobre seu arranjo mais perspicaz. Por exemplo, a questão do livre-arbítrio e do destino, em sua forma mais simples, despida da verborragia, é algo tal como a seguinte: fiz algo de que agora me envergonho; poderia eu, com o esforço da minha vontade, ter resistido à tentação e ter agido de outro modo? A resposta filosófica é que isso não é uma questão de fato, mas somente de um arranjo de fatos. Arranjando-os de modo a mostrar o que é particularmente importante para a minha questão — a saber, que deveria censurar-me por ter agido mal —, é perfeitamente verdadeiro dizer que, se eu tivesse tido vontade de proceder de outro modo, eu deveria não ter agido como agi. Por outro lado, arranjando os fatos de modo a mostrar uma outra consideração importante, é igualmente verdadeiro dizer que, quando uma tentação tem como atuar, ela irá, caso possua força, produzir os seus efeitos, mesmo que eu lute o quanto puder. Não se objeta uma contradição naquilo que resultaria de uma suposição falsa. A *reductio ad absurdum* consiste em mostrar que resultados contraditórios seguem de uma hipótese que, consequentemente, se julga que seja falsa. Muitas questões estão envolvidas na discussão do livre-arbítrio, e estou longe de querer dizer que ambos os lados estão igualmente certos. Pelo contrário, sou da opinião de que um dos lados nega fatos importantes, e que o outro lado não. Mas o que efetivamente digo é que a questão acima, isolada, foi a origem de toda a dúvida, que se não fosse esta questão, a controvérsia nunca teria surgido, e que esta questão encontra-se perfeitamente resolvida na maneira como indiquei.

Busquemos agora uma ideia clara de *peso*. Este é outro caso bem simples. Dizer que um corpo é pesado simplesmente significa que, na ausência de uma força oposta, ele irá cair. Evidentemente (deixando de lado certas especificações do modo como cairá, etc., que permeiam a mente dos físicos que utilizam a palavra), essa é a concepção completa de peso. Neste ínterim, é pertinente a questão sobre se alguns fatos particulares não *dão conta* da gravidade; mas o que queremos dizer acerca da força [de gravidade], propriamente dita, encontra-se completamente envolvido nos seus efeitos.

Isso então nos leva a empreender um relato sobre a ideia de força em geral. Trata-se de uma grande concepção desenvolvida na primeira parte do século XVII a partir da grosseira ideia de causa, e desde então continuamente melhorada, que nos tem mostrado como explicar todas as mudanças de movimento que os corpos experimentam, e como pensar todos os fenômenos físicos; uma concepção, presente no nascimento da ciência moderna, que mudou a face do globo; e que, salvo seus usos mais específicos, desempenhou um papel muito importante no rumo do pensamento moderno e na promoção do desenvolvimento social moderno. Vale, portanto, compreendê-la. De acordo com nossa regra, devemos começar indagando qual é o uso imediato da concepção de força; e a resposta é que por meio dela explicamos as mudanças de movimento. Se os corpos forem deixados por sua própria conta, sem a intervenção de forças, todos os movimentos continuariam inalterados, tanto em velocidade como em direção. Ademais, nunca ocorrem mudanças abruptas no movimento, se sua direção se altera, é sempre através de uma curva sem ângulos, se a velocidade se altera, isso acontece gradativamente. Tais mudanças graduais, que constantemente acontecem, são concebidas pelos geômetras como sendo compostas de acordo com as regras do paralelogramo de forças. Se o leitor ainda não souber o que é isso, verá que o esforço de acompanhar a explicação seguinte tem sua utilidade, pelo menos assim espero, mas se a matemática lhe for insuportável, peço que pule os três parágrafos seguintes, ao invés de acompanhar-nos.

Um percurso é uma linha em que o começo e o fim se distinguem. Dois percursos são considerados equivalentes quando iniciam no mesmo ponto e conduzem a um mesmo ponto [diverso do primeiro]. Assim, os dois caminhos *ABCDE* e *AFGHE* são equivalentes. Percursos que não começam no mesmo ponto podem ser considerados equivalentes desde que, movendo-se um deles sem girá-lo, ou seja, mantendo-o sempre paralelo à sua posição original, se seu começo coincide com o do outro caminho, então os pontos finais também coincidirão. Os percursos são considerados como adicionados, geometricamente falando, quando um começa onde o outro termina; assim (na Fig. 3), o percurso *AE* é concebido como sendo a soma de *AB*, *BC*, *CD*, e *DE*. No paralelogramo da Fig. 4, a diagonal *AC* é a soma de *AB* e *BC*; ou, visto que *AD* é geometricamente equivalente a *BC*, *AC* é a soma geométrica de *AB* e *AD*.

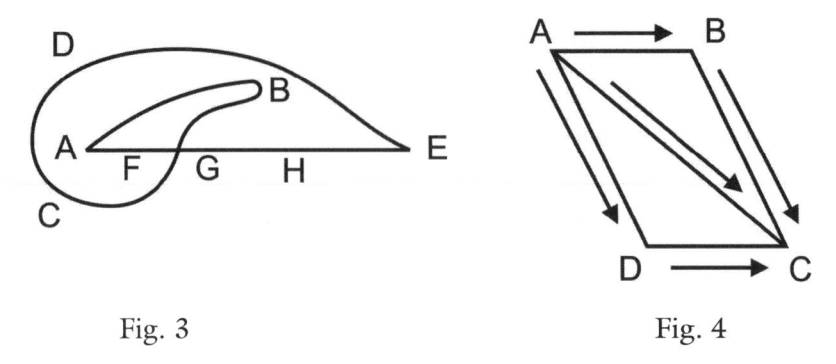

Fig. 3   Fig. 4

Tudo isso é puramente convencional. No final, resulta no seguinte: escolhemos chamar de iguais e de adicionados os respectivos percursos possuidores das relações descritas. Mas, muito embora seja uma convenção, é uma convenção com uma boa razão. A regra para a adição geométrica pode ser aplicada não somente a percursos, mas a qualquer outra coisa que possa ser representada por percursos. Ora, como um percurso é determinado pelas variações da direção e da distância entre o ponto de saída e de chegada, segue que podemos representar por uma linha qualquer coisa cujo começo e fim são determinados por uma variação de direção e uma variação de magnitude.³ Destarte, *velocidades* podem ser representadas por linhas, pois só possuem direções e magnitudes. O mesmo é verdadeiro com relação a *acelerações*, ou mudanças de velocidades. Isso é bastante evidente no caso das velocidades, e torna-se evidente para as acelerações se considerarmos que as velocidades estão para as posições — a saber, são mudanças de estados delas — assim como as acelerações estão para as velocidades.

O assim chamado "paralelogramo de forças" é simplesmente uma regra para compor acelerações. A regra consiste em representar as acelerações por vetores e então adicioná-los geometricamente. Os

---

3 NT.: Aqui Peirce está introduzindo a noção de vetor, cuja definição consiste em possuir direção e magnitude.

geômetras, entretanto, não só usam os "paralelogramos de forças" para compor diferentes acelerações, mas também para decompor uma aceleração em uma soma de acelerações.

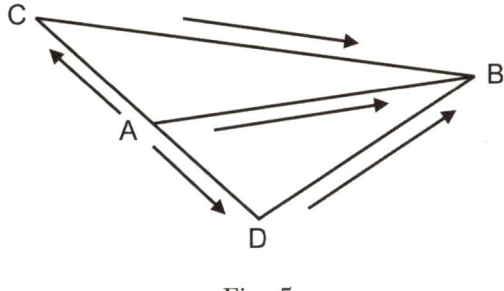

Fig. 5

Imagine-se que *AB* (Fig.5) representa uma certa aceleração — digamos, uma mudança no movimento de um corpo, que ao fim de um segundo estará, sob a influência dessa mudança, numa posição diferente daquela que teria se o seu movimento tivesse se mantido inalterado, de modo que um caminho equivalente a *AB* levaria da última posição à primeira. Tal aceleração pode ser considerada como a soma das acelerações representadas por *AC* e *CB*. E também pode ser a soma de acelerações muito diferentes, representadas por *AD* e *DB*, onde *AD* é quase o oposto de *AC*. Ademais, é claro que existe uma imensa variedade de maneiras em que AB poderia ser decomposta na soma de duas outras acelerações.

Após esta explanação tediosa, que espero que não tenha esgotado a paciência do leitor, dado o extraordinário interesse da concepção de força, estamos preparados para finalmente estabelecer o grande fato que essa concepção incorpora. É o fato de que se as mudanças reais de movimento experimentadas pelas diferentes partículas dos corpos forem todas decompostas de uma forma apropriada, então todas as acelerações componentes ficam precisamente prescritas por uma certa lei da Natureza, segundo a qual os corpos, em suas posições relativas em certo momento,[4] sempre recebem certas acelerações, que, compostas por adição geométrica, resultam na aceleração que o corpo efetivamente experimenta.

---

4 Possivelmente as velocidades também têm que ser levadas em conta.

Esse é o único fato que a ideia de força representa, e quem se preocupar em apreender claramente o que é este fato, compreenderá perfeitamente o que é a força. Se nós devemos dizer que uma força é uma aceleração, ou que ela *causa* uma aceleração, isso não é nada mais do que uma questão de adequação da linguagem; e, no que tange o significado real, a diferença entre as expressões é análoga à diferença entre "*Il fait froid*", em francês, e sua equivalente "*It is cold*", em inglês. Todavia, é surpreendente ver como esse problema simples confundiu as mentes humanas. Em inúmeros tratados profundos a força é mencionada como de uma "entidade misteriosa", que parece ser apenas uma maneira de confessar que o autor fica aflito por não conseguir dar uma noção clara do que a palavra significa! Num trabalho recente e admirado, sobre a Mecânica Analítica,[5] afirma-se que entendemos precisamente o efeito da força, mas o que é a força, propriamente dita, não o sabemos! Isso é simplesmente uma autocontradição. A ideia que a palavra "força" excita nas nossas mentes não tem outra função senão a de afetar as nossas ações, e tais ações não têm referência ao termo força a não ser através de seus efeitos. Consequentemente, se soubermos quais são os efeitos da força, então estamos cientes de todos os fatos implicados na afirmação de que uma força existe, e não há mais nada para saber. A verdade é a seguinte, há uma noção vaga, segundo a qual uma questão pode querer dizer algo que a mente não consegue conceber; e quando alguns filósofos se confrontaram com o absurdo de tal noção, inventaram uma distinção vazia entre concepções positivas e negativas, tentando dar à sua não ideia uma forma que não fosse sem sentido. A nulidade disso fica suficientemente evidente à luz das considerações oferecidas páginas atrás; e, salvo aquelas considerações, o caráter evasivo da distinção deve ter chocado os intelectos habituados ao pensamento real.

---

5 NT.: Refere ao livro de Gustav Kirchhoff, *Vorlesungen über mathematische Physik: Mechanik*, Leipzig, 1876, Prefácio.

IV

Passemos agora a um assunto de lógica, e consideremos uma concepção particularmente referente a ela: a questão da realidade. Tomando clareza no sentido de familiaridade, nenhuma ideia poderia ser mais clara do que essa. Qualquer criança a utiliza com perfeita confiança, sequer sonhando que não a compreende. No tocante ao segundo grau de clareza, contudo, dar uma definição abstrata do real provavelmente seria uma tarefa complicada para muitas pessoas, mesmo para aquelas mais inclinadas ao pensamento. Todavia, talvez se pudesse alcançar tal definição considerando os pontos de diferença entre realidade e seu oposto, a ficção. Uma ficção é um produto da imaginação de alguém, suas características são as que o pensamento da pessoa lhe imprime. Essas características são independentes de como você ou eu pensamos a realidade exterior. Contudo, há fenômenos dentro de nossas mentes, dependentes do nosso pensamento, que ao mesmo tempo são reais no sentido de que realmente pensamos neles. Mas embora suas características dependam de como nós pensamos, elas não dependem daquilo que nós pensamos que tais características sejam. Assim, por exemplo, um sonho tem uma existência real enquanto fenômeno mental, caso alguém realmente o tiver sonhado; que a pessoa sonhou isto e aquilo, não depende daquilo que outro alguém pensa acerca, mas é completamente independente de toda a opinião sobre o assunto. Por outro lado, considerando não o fato de sonhar, mas a coisa sonhada, ela conserva suas peculiaridades em virtude de ter se sonhado tal coisa tinha tais peculiaridades. Assim podemos definir o real como aquilo cujas características são independentes do que qualquer pessoa possa pensar acerca delas.

Mas, a despeito de quão satisfatória tal definição venha a ser considerada, seria um grande equívoco supor que ela torna a ideia de realidade perfeitamente clara. Aqui, então, apliquemos nossas regras. De acordo com elas, a realidade, como qualquer outra qualidade, consiste nos efeitos sensíveis peculiares produzidos pelas coisas que fazem parte da realidade. O único efeito que as coisas reais possuem é o fato de causarem crenças, pois todas as sensações que elas excitam emergem na consciência na forma de crenças. Portanto, a questão é como distinguir uma crença verdadeira (ou crença no real) de uma crença falsa (ou crença na ficção). Ora, como vimos no primeiro artigo, as ideias de verdade e falsidade, em seu pleno desenvolvimento, pertencem exclusivamente ao método experimental de estabelecer a opinião. Uma pessoa que arbitrariamente escolhe as proposições que adotará só pode usar a palavra verdade para enfatizar sua determinação em sustentar tal escolha. De certo, o método da tenacidade nunca prevaleceu de maneira exclusiva, a razão é por demais natural aos homens para que isso aconteça. Mas, na literatura da idade das trevas, encontramos alguns bons exemplos disso. Quando Scotus Erigena[6] comenta um texto poético, onde se diz que a morte de Sócrates foi causada por Heléboro,[7] ele não hesita em informar o leitor que Heléboro e Sócrates eram dois eminentes filósofos gregos, e que o último, ao ser vencido pela argumentação do primeiro, sofreu tanto com isso que morreu! Que tipo de ideia de verdade poderia ter um homem que adotava e ensinava, sem ao menos a qualificação de um talvez, uma opinião apanhada tão completamente ao acaso? O real espírito de Sócrates, uma pessoa que, espero eu, ficaria deleitado por ter sido "vencido em argumentação", pois

---

6 NT.: Johannes Scotus Erigena (800-880), teólogo e filósofo neo-platonista irlandês. Seus trabalhos foram considerados heréticos pela Igreja.

7 NT.: Heléboro é uma planta medicinal usada pelos antigos gregos. Em suas raízes há um princípio ativo (heleborina) que causa envenenamento.

haveria aprendido alguma coisa com isso, encontra-se em curioso contraste com a ideia ingênua do comentador, para quem a discussão parece ter sido simplesmente uma briga. Quando a filosofia começou a despertar do seu longo sono, e antes que a teologia a dominasse completamente, parece que a prática de cada professor era defender uma posição filosófica ainda não ocupada e que lhe parecesse forte, entrincheirar-se nela, e de vez em quando contra-atacar os outros. Assim, mesmo os poucos documentos que possuímos dessas disputas nos permitem levantar uma dúzia de opiniões sustentadas por diferentes mestres da época no tocante à questão do nominalismo e do realismo. Leia-se a abertura da *Historia Calamitatum* de Abelardo,[8] que certamente era tão filosófico como qualquer um dos seus contemporâneos, e veja o espírito de combate que permeia a obra. Para ele, a verdade é simplesmente sua fortaleza particular. Quando o método de autoridade prevalecia, a verdade significava pouco mais do que a fé católica. Todos os esforços dos doutores escolásticos visavam harmonizar a sua fé em Aristóteles com a sua fé na Igreja, e podemos examinar seus pesados tratados sem encontrar um argumento sequer que nos leve adiante. É digno de nota que, onde diferentes tipos de fé floresceram lado a lado, os renegados são vistos com desprezo até pela parte cuja fé passaram a adotar, evidenciando quão completamente a ideia de lealdade substituía a de busca da verdade. As falhas na concepção de verdade têm sido menos visíveis desde o tempo de Descartes. Ainda assim, frequentemente um cientista se surpreende ao perceber que os filósofos estão mais interessados em investigar qual crença se harmoniza melhor com o seu sistema, do que em investigar o que os fatos são. É difícil convencer um defensor do método *a priori* por meio dos fatos, mas mostre-lhe que uma de suas opiniões é inconsistente com uma outra defendida em ocasião diversa, e então ele será muito capaz de se retratar. Estas mentes parecem não acreditar que a disputa um dia vai terminar; parecem pensar que uma opinião natural para um homem não o será para outro, e que, por conseguinte, a crença nunca será estabelecida. Ao

---

8 NT.: Pedro Abelardo (1079-1142), filósofo francês. Suas obras foram condenadas à fogueira pelo concílio de Sens (1140).

contentarem-se em fixar suas próprias opiniões por meio de um método que pode levar outro homem a um resultado diferente, eles traem sua própria débil concepção acerca do que é a verdade.

Por outro lado, todos os seguidores da ciência encontram-se plenamente persuadidos de que os processos de investigação, se levados suficientemente longe, fornecerão uma certa solução para cada uma das questões às quais tais métodos se aplicam. Uma pessoa pode investigar a velocidade da luz estudando as passagens de Vênus e a anormalidade das estrelas; outra por meio das oposições de Marte e os eclipses dos satélites de Júpiter; uma terceira pelo método de Fizeau;[9] uma quarta pelo de Foucault;[10] uma quinta pelos movimentos das curvas de Lissajous;[11] uma sexta, uma sétima, uma oitava, e uma nona podem utilizar diferentes métodos de comparação das medidas de eletricidade estática e dinâmica. De início pode ser que obtenham resultados diferentes, mas, à medida que cada um aperfeiçoa seu método e seus processos, os resultados aproximar-se-ão cada vez mais de um determinado centro. Assim se passa com toda a investigação científica. Diferentes intelectos podem partir dos mais antagônicos pontos de vista, mas o progresso da investigação os levará, por meio de uma força exterior a eles, a uma mesma conclusão. Essa atividade do pensamento pela qual somos levados, não aonde desejamos, mas a uma meta pré-ordenada, é parecida com a operação do destino. Nenhuma modificação do ponto de vista tomado, nenhuma seleção de outros fatos para estudo, nenhuma inclinação natural da mente podem capacitar um homem a escapar da opinião predestinada. Esta grande esperança incorpora-se na concepção de verdade e realidade. A opinião destinada[12] a ser o consenso final é aquilo que queremos dizer pela palavra

---

9 NT.: Armand Hippolyte Louis Fizeau (1819-1896). Físico francês que pela primeira vez mediu a velocidade da luz na superfície da Terra.
10 NT.: Jean Bernard Léon Foucault (1819-1868). Físico e astrônomo francês. Seu famoso experimento, o pêndulo de Foucault, pela primeira vez provou a rotação da Terra.
11 NT.: Jules Lissajous (1822-1880), físico e astrônomo francês. Ficou famoso por inventar um aparelho que obtinha curvas via a sobreposição de outras curvas harmônicas.
12 Destino significa meramente aquilo que certamente será verdadeiro, não havendo como ser evitado. É superstição supor que um certo tipo de evento jamais está predestinado, como também o é supor que a palavra "destino" nunca poderá ser libertada de sua mácula supersticiosa. Todos nós temos como destino a morte.

"verdade"; e o objeto representado nessa opinião é o real. Esta é a maneira pela qual eu explicaria a realidade.

Mas pode-se dizer que esta perspectiva se opõe diretamente à definição abstrata de realidade que tínhamos dado, na medida em que torna as características do real dependentes do que por fim pensamos acerca delas. Mas a resposta é que, por um lado, a realidade é independente, não necessariamente do pensamento em geral, mas daquilo que você ou eu ou qualquer número finito de pessoas pode pensar; por outro lado, embora o objeto da opinião final dependa daquilo que a opinião é, todavia, o que essa opinião é não depende do que você ou eu ou qualquer outra pessoa pensa. A obstinação no erro, nossa e dos outros, pode adiar indefinidamente o estabelecimento da opinião; até poderá fazer com que uma proposição arbitrária seja universalmente aceita por tanto tempo quanto durar a humanidade. Mesmo assim não alteraria a natureza da crença, que sozinha teria como ser o resultado da investigação levada suficientemente longe; e se, após a extinção de nossa raça, uma outra surgisse com faculdades e disposição para investigar, aquela opinião verdadeira deve ser aquilo a que eles finalmente chegariam. "A verdade enterrada no solo um dia ressurgirá"[13] e a opinião resultante da investigação não dependerá do modo como alguém possa efetivamente pensar. A realidade do real depende do fato de que a investigação, se prolongada suficientemente, está destinada a finalmente levar a uma crença nela.

Mas é possível que me perguntem o que tenho a dizer sobre todos os fatos minúsculos da história, esquecidos e nunca mais recuperáveis, sobre os livros perdidos da antiguidade, sobre os segredos sepultados.

> Tantas gemas do mais sereno brilho
> as escuras e insondáveis cavernas do oceano produzem;
> Tantas flores nasceram para desabrochar invisíveis,
> e desperdiçar sua fragrância no ar do deserto.[14]

---

13 NT.: Esta frase encontra-se na nona estrofe de *The Battle-Field* de William Cullen Bryant (1794-1878), advogado e poeta nascido na Nova Inglaterra, bastante popular na época.

14 NT.: Encontra-se na décima quarta estrofe do poema *Elegy Written in a Country Churchyard* de Thomas Gray (1716-1771), célebre poeta britânico.

Será que essas coisas realmente não existem apenas por não haver qualquer esperança de estarem ao alcance de nosso conhecimento? E então, após a morte do universo (de acordo com a predição de alguns cientistas) e a extinção de toda vida, os átomos não continuarão a se chocar, mesmo que não haja um intelecto para o saber? Minha resposta é que, embora não possa haver, em nenhum estado imaginável do conhecer, um número suficientemente grande para expressar a relação entre a quantidade do que permanece desconhecido e a quantidade do que sabemos, todavia não é filosófico supor que a investigação, relativamente a uma dada questão (que tenha algum significado claro), não possa trazer uma solução, desde que levada suficientemente longe. Quem diria, há poucos anos atrás, que conseguiríamos saber quais são as substâncias constituintes das estrelas, cuja luz pode ter levado mais tempo a chegar até nós do que toda a existência de nossa raça? Quem pode estar certo daquilo que a humanidade ignorará daqui a algumas centenas de anos? Quem pode adivinhar o que resultará da pesquisa científica, se levada adiante por mais dez mil anos no mesmo passo dos últimos cem anos? E se continuar por um milhão de anos, ou por mil milhões, ou por qualquer número que se queira, como é possível dizer que existe alguma questão que não poderia ser por fim resolvida?

Entretanto, isso pode ser objetado: "por que tecer tais considerações tão remotas, especialmente quando vosso princípio afirma que somente distinções práticas têm um sentido?". Bem, devo confessar que faz pouca diferença se dissermos que uma pedra no fundo do oceano, na escuridão completa, é brilhante ou não — quer dizer, que provavelmente não faz qualquer diferença, mas sempre lembrando que essa pedra *pode* ser "pescada" amanhã. Mas, que existem gemas no fundo do mar, flores no deserto desconhecido, e etc., são proposições que, assim como aquela do diamante ser duro sem ser tocado, mais concernem com o arranjo de nossa linguagem do que com o significado de nossas ideias.

Contudo, parece-me que, com a aplicação de nossa regra, conseguimos uma apreensão tão clara do que significamos por realidade, e do fato em que se assenta essa ideia, que talvez não devêssemos ter uma opinião tão presunçosa, bem como singular, como se oferecêssemos uma teoria metafísica da existência com aceitação universal entre os que empregam o método científico de fixação da crença. Entretanto, como a metafísica é um assunto muito mais curioso do que útil, cujo saber a respeito, como no caso de um recife submerso, capacita-nos principalmente a evitá-lo, não importunarei o leitor com mais nenhuma ontologia. Já fui longe demais nesse caminho, mais do que havia desejado; e como já forneci ao leitor uma tal dose de matemática, de psicologia, e de tudo o mais que é altamente abstruso, receio que ele já tenha me deixado de lado, e que o que estou escrevendo seja lido exclusivamente pelo redator e o revisor da tipografia. Confiei na importância do assunto. Não há estrada régia para a lógica, e as ideias realmente valiosas só podem ser conseguidas ao preço de uma redobrada atenção. Mas como sei que, no tocante às ideias, o público prefere o barato e o vulgar, em meu próximo artigo voltarei ao facilmente inteligível, e não pretendo afastar-me dele. O leitor que se esforçou em atravessar este presente artigo será recompensado no próximo, ao ver as maravilhas da aplicação daquilo que foi aqui desenvolvido, de maneira tão tediosa, na determinação das regras do raciocínio científico.

Até agora ainda não cruzamos o limiar da lógica científica. É certamente importante saber como tornar nossas ideias claras, mas elas podem ser claras sem serem verdadeiras. Como torná-las verdadeiras, veremos a seguir. Como conceber as ideias vitais e procriadoras, que se multiplicam em milhares de formas e se difundem por toda parte, isso ainda é uma arte não reduzida a regras, mas a história da ciência nos oferece algumas sugestões sobre tal segredo.

3
A doutrina dos acasos

I

É comum a observação de que uma ciência começa a ser exata quando é tratada quantitativamente. O que chamamos de ciências exatas não são outras senão as ciências matemáticas. Os químicos raciocinavam vagamente até que Lavoisier mostrou-lhes como aplicar o balanço à verificação de suas teorias, ocasião em que a química subitamente saltou à posição de a mais perfeita das ciências classificatórias. Tão precisa e certa tornou-se, que usualmente pensamos nela junto com a óptica, a térmica e a elétrica. Mas essas últimas são estudos de leis gerais, enquanto a química considera meramente as relações e a classificação de certos objetos; e, na realidade, pertence à mesma categoria da botânica e da zoologia sistemáticas. Compare-se a química com essas últimas, entretanto, e ficarão evidentes as vantagens que derivam de seu tratamento quantitativo.

Encontra-se utilidade nas escalas numéricas mais grosseiras, tais como aquelas pelas quais os mineralogistas distinguem os diferentes graus de dureza. O mero contar de pistilos e estames bastou para tirar a botânica de um completo caos e colocá-la em algum tipo de forma. A vantagem do tratamento matemático, entretanto, não vêm tanto do contar, mas mais do medir; não tanto da ideia de número, mas mais da ideia de quantidade contínua. Números, ao final de tudo, servem somente para nos fazer cumprir uma precisão em nossos pensamentos, a qual, embora benéfica, raramente pode levar a concepções elevadas e frequentemente cai na insignificância. Dentre aquelas duas faculdades sobre as quais fala

Bacon,¹ a que marca diferenças e a que nota semelhanças, a utilização de números pode auxiliar apenas a mais baixa; e o seu uso excessivo deve tender a estreitar os poderes da mente. Mas a ideia de quantidade contínua tem um grande papel a desempenhar, independentemente de qualquer esforço por precisão. Longe de tender à exageração das diferenças, é o instrumento direto das mais finas generalizações. Quando um naturalista deseja estudar uma espécie, ele coleta um número considerável de espécimes mais ou menos similares. Ao contemplá-los, observa certos exemplares que são mais ou menos parecidos em alguns aspectos particulares. Por exemplo, todos possuem uma certa marca em formato de S. O naturalista observa que, a esse respeito, os exemplares não são *precisamente* parecidos; o S não tem precisamente a mesma forma, mas as diferenças são tais que levam-no a acreditar ser possível encontrar formas intermediárias entre quaisquer duas que ele possuir. A seguir, o naturalista encontra outras formas aparentemente de todo diferentes — digamos, uma marca com a forma de um C — e surge a questão de se ele pode encontrar intermediários que conectarão os últimos exemplares com os demais. Frequentemente consegue isso para casos que, de imediato, seriam pensados como impossíveis, enquanto que algumas vezes encontra exemplares que se encontram separados na Natureza devido à inexistência de intermediários, mas que à primeira vista diferem muito menos. Desse modo, a partir do estudo da Natureza, ele constrói uma nova concepção geral do caráter em questão. Ele obtém, por exemplo, uma ideia de folha que inclui todas as partes da flor, e uma ideia de vértebra que inclui o esqueleto. Certamente, não preciso dizer muito para mostrar que maquinaria lógica existe aqui. Esta é a essência do método do naturalista. O modo pelo qual ele aplica tal método, primeiramente a um caráter, e então a outro, e como ele finalmente obtém a noção de uma espécie de animais, cujas diferenças entre os membros, embora grandes, confinam-se a certos limites, isso tudo é um problema que não nos interessa por ora. O método completo de classificação deve ser considerado mais tarde; aqui, desejo apenas

---

1 NT.: Cf. Francis Bacon, *Novum Organum*, livro 2, aforismo 27.

apontar que o naturalista constrói suas concepções quando aproveita a ideia de continuidade, ou de passagem de uma forma a outra através de graus imperceptíveis. Ora, os naturalistas são os maiores construtores de concepções, não há outro ramo da ciência onde tanto trabalho desse tipo seja feito como no deles, e devemos, em larga medida, tomá-los como nossos professores nesta importante parte da lógica. E em todo lugar encontrar-se-á que a ideia de continuidade é um poderoso auxílio à formação de concepções verdadeiras e fecundas. Por essa via, as maiores diferenças são quebradas e resolvidas em termos de diferenças de grau, e sua incessante aplicação é do maior valor para o alargamento de nossas concepções. Neste presente conjunto de ensaios, proponho-me a fazer largo uso dessa ideia de continuidade; e deve levar-se adiante um estudo atento sobre a série particular de falácias importantes que, surgindo da negação dessa concepção, tem devastado a filosofia. Por ora, eu simplesmente chamo a atenção do leitor para a utilidade dessa concepção.

No estudo dos números, a ideia de continuidade é tão indispensável que ela acaba sendo perpetuamente introduzida mesmo onde não há continuidade de fato, como quando dizemos que nos Estados Unidos há 10,7 habitantes por milha quadrada, ou que em Nova Iorque vivem 14,72 pessoas numa casa, em média.[2] Outro exemplo é a lei da distribuição de erros que Quételet, Galton[3] e outros têm aplicado com muito sucesso ao estudo de problemas biológicos e sociais. Esta aplicação da continuidade, em casos onde ela realmente não existe, ilustra, também, um outro ponto, que doravante exigirá um estudo em separado, a saber, a grande utilidade que por vezes as ficções têm na ciência.

---

2 Este modo de pensar é tão abusadamente associado com toda consideração numérica exata, que a frase, apropriada, passa a ser imitada por autores frívolos de modo a produzir a aparência de exatidão onde nenhuma existe. Certos jornais usam um tom de linguagem afetado do tipo "homem médio", quando eles simplesmente querem dizer a *maioria*, não tendo nenhuma ideia do que seja uma média.
3 NT.: Cf. Adolphe Quételet, *Théorie des probabilités* (1853), bem como Francis Galton, *Hereditary genius* (1869). Para referência mais contemporânea, ver Ian Hacking, *The taming of chance* (1990).

II

A teoria da probabilidade é simplesmente a ciência da lógica tratada quantitativamente. Com referência a qualquer hipótese, há duas certezas concebíveis, a certeza de sua verdade e a certeza de sua falsidade. Os números *um* e *zero* são apropriados para, neste cálculo, marcar esses extremos do conhecimento, enquanto as frações, possuindo valores intermediários entre eles, indicam, vagamente dizendo, os graus que a evidência empresta a um ou ao outro extremo. O problema geral das probabilidades é, a partir de um dado estado de fatos, determinar a probabilidade numérica de um fato possível. É o mesmo que indagar sobre o quanto valem os fatos fornecidos, considerados como evidência para provar o fato possível. Assim, o problema da probabilidade é simplesmente o problema geral da lógica.

A probabilidade é uma quantidade contínua, de modo que se podem esperar grandes vantagens deste modo de estudar lógica. Alguns autores foram tão longe nisso a ponto de sustentar que, por meio do cálculo probabilístico, toda inferência sólida pode ser representada por operações aritméticas legítimas sobre os números fornecidos nas premissas. Se assim for, em verdade, o grande problema da lógica, isto é, como a observação de um fato pode nos dar conhecimento acerca de um outro fato independente, se reduz a uma mera questão de aritmética. Parece apropriado examinar essa pretensão antes de empreender qualquer solução mais recôndita do paradoxo.

Mas, infelizmente, os autores que escreveram sobre probabilidade não entram em acordo com respeito a esse resultado. Esse ramo da matemática é o único, acredito eu, em que bons autores frequentemente chegam a resultados inteiramente errôneos. Na geometria elementar o raciocínio é frequentemente falacioso, mas evitam-se conclusões errôneas; todavia, pode-se duvidar de que haja um único tratado abrangente sobre probabilidade que não contenha soluções absolutamente indefensáveis. Em parte isso se deve à carência de pelo menos um método regular de procedimento; pois o assunto envolve sutilezas demais, e sem um tal auxílio não é fácil colocar seus problemas em equações. Mas, para além disso, os princípios fundamentais do cálculo probabilístico estão mais ou menos em disputa. Comparativamente, há pouca dúvida com respeito àquela classe de questões nas quais se aplica probabilidade para propósitos práticos; mas, com respeito a outras questões para as quais se procura estendê-la, as opiniões encontram-se meio desarranjadas.

Esta última classe de dificuldades só pode ser inteiramente suplantada quando tornamos a ideia de probabilidade perfeitamente clara em nossas mentes, daquele modo exposto em nosso artigo anterior.

III

Para se alcançar uma ideia clara sobre o que significa a probabilidade, temos que considerar que diferença, real e sensível, há entre um grau de probabilidade e um outro.

Sem sombra de dúvida, o caráter de probabilidade pertence primariamente a certas inferências. Locke explica isso da seguinte forma: após salientar que o matemático positivamente sabe que a soma dos três ângulos de um triângulo é igual à soma de dois ângulos retos, porque ele apreende a prova geométrica, Locke então continua:

> Mas outro homem, que nunca se deu ao trabalho de observar a demonstração, ouvindo um matemático, um homem criterioso, afirmar que os três ângulos de um triângulo se igualam a dois ângulos retos, *concorda* com isso; isto é, recebe isso como verdade. Em tal caso, o fundamento de seu assentimento é a probabilidade da coisa, sendo a prova tal que na maior parte das vezes carrega verdade consigo; o homem cujo testemunho recebe isso não está acostumado a afirmar algo em contrário, ou além de seu conhecimento, especialmente em questões desse tipo.[4]

O celebrado *Ensaio sobre o entendimento humano* contém muitas passagens como essa, que dão o primeiro passo numa análise profunda, mas que por sua vez não é ulteriormente desenvolvida. Mostrei no primeiro destes meus artigos que a validade de uma inferência não

---

4 NT.: Cf. John Locke, *Essay concerning human understanding*, Livro 4, cap. 15, seção 1.

depende de qualquer tendência da mente em aceitar uma coisa, qualquer que seja a força dessa tendência, mas consiste no fato real de que, quando as premissas como aquelas do argumento em questão são verdadeiras, as conclusões relacionadas ao argumento também são verdadeiras. Salientou-se que, em uma mente lógica, um argumento é sempre concebido como um membro de um *gênero* de argumentos, todos construídos da mesma maneira, e de tal modo que, quando as premissas são fatos reais, suas conclusões também o são. Se o argumento é demonstrativo, então isso sempre ocorre assim; se for somente provável, então na maioria das vezes ocorre assim. Como diz Locke, o argumento provável é *"um* [argumento] *tal que* na maior parte carrega verdade consigo".[5]

De acordo com isso, a diferença real e sensível entre um grau de probabilidade e outro, sobre o qual o sentido da distinção repousa, é que no emprego frequente de dois modos diferentes de inferência, um deles carregará a verdade consigo mais frequentemente do que o outro. É evidente que esta é a única diferença que há no fato existente. Tendo certas premissas, alguém retira uma conclusão, e tão logo essa inferência lhe interesse isoladamente, a única questão prática possível é se a conclusão é verdadeira ou não é, e não há meio termo entre existência e não existência. "O ser apenas é, e o nada completamente não é", disse Parmênides; o que está em concordância estrita com a análise da concepção de realidade dada no artigo anterior. Pois lá descobrimos que a distinção entre realidade e ficção depende da suposição de que, se houvesse uma investigação suficiente, ela faria com que uma opinião fosse universalmente aceita e todas as outras rejeitadas. Tal pressuposição, envolvida nas verdadeiras concepções de real e de irreal, envolve uma completa exclusão mútua. É a ideia de céu-ou-inferno no domínio do pensamento. Entretanto, no longo prazo, há um fato real que corresponde à ideia de probabilidade, e é aquela de que um dado modo de inferência algumas vezes se mostra exitoso e algumas vezes não, numa proporção fixa, no final das contas. Quando passamos a fazer inferências

---

5 NT.: *Idem.*

após inferências desse tipo, durante os primeiros dez ou cem casos pode-se esperar que a proporção de sucessos exiba flutuações consideráveis, mas quando chegamos aos milhares e milhões, tais flutuações ficam cada vez menores; e se continuarmos até um tanto suficiente, a proporção aproximar-se-á de um limite fixo. Nós então podemos definir a probabilidade de um modo de argumento como sendo a proporção dos casos em que ele carrega a verdade consigo [no longo prazo].

A inferência da premissa, A, em direção à conclusão, B, depende, como vimos, do princípio-guia de que se um fato da classe A é verdadeiro, então um fato da classe B é verdadeiro. A probabilidade consiste numa fração cujo numerador é o número de vezes em que ambas, A e B, são verdadeiras, e cujo denominador é o número total de vezes em que A é verdadeira, quer B seja verdadeira ou não. Em lugar de dizer que isso é a probabilidade da inferência, não há a menor objeção em chamar isso de a probabilidade de que se A acontece, B acontece. Mas realmente não faz nenhum sentido falar da probabilidade do evento B sem denominar a condição. É bem verdade que quando for perfeitamente óbvio qual é a condição denominada, pode-se permitir a elipse. Mas devemos evitar contrair o hábito de usar a linguagem desse jeito (universal como é o hábito), porque isso enseja uma maneira vaga de pensamento, como se a ação da causação pudesse determinar que um evento aconteça ou determinar que não aconteça, ou então deixar isso mais ou menos livre a acontecer ou não, ensejando um acaso *inerente* com respeito à sua ocorrência. É completamente claro para mim que alguns dos piores e mais persistentes erros, no uso da doutrina dos acasos, surgiram desse modo vicioso de expressão.[6]

---

6 A concepção de probabilidade aqui exposta é substancialmente a mesma desenvolvida pela primeira vez pelo Sr. Venn, no seu *Logic of chance*. De certo, uma apreensão vaga da ideia sempre existiu, mas o problema era torná-la perfeitamente clara, e a ele pertence o crédito de ter feito isso pela primeira vez.

IV

Mas resta ainda um ponto importante a ser clarificado. De acordo com o que dissemos, a ideia de probabilidade pertence essencialmente a um tipo de inferência que se repete indefinidamente. Uma inferência individual deve ser verdadeira ou ser falsa, e não pode exibir nenhum efeito de probabilidade; por conseguinte, com referência a um caso único, considerado em si mesmo, a probabilidade não tem sentido. No entanto, se um homem tivesse que escolher entre sortear uma carta vinda de um baralho com 25 cartas vermelhas e uma preta, ou de um outro baralho com 25 cartas pretas e uma vermelha, e se o sorteio de uma carta vermelha o transportasse à felicidade eterna, enquanto que o sorteio de uma carta preta o enviasse para a danação perpétua, seria uma coisa tola negar que ele deveria preferir o baralho com maior proporção de cartas vermelhas, embora, a partir da natureza do acaso, o sorteio não pudesse ser repetido. Não é fácil conciliar isso com nossa análise da concepção de acaso. Mas suponhamos que ele escolhesse o baralho vermelho, e sorteasse a carta errada, que consolo ele teria? Ele poderia dizer que agiu de acordo com a razão, mas isso apenas mostraria que sua razão absolutamente não teve valor. E se ele tivesse sorteado a carta certa, como ele poderia considerar tal coisa, senão como um feliz acidente? Ele não teria como dizer que se tivesse escolhido o outro baralho, poderia ter tirado a carta errada, isso porque uma proposição hipotética tal como, "se A, então B", nada significa com referência a um caso único. A verdade consiste na existência de um fato real correspondendo a uma proposição verdadeira. Correspondendo à proposição "se A, então B", pode haver o fato de que toda vez que um evento tal como A acontece, um evento tal como B acontece. Mas no caso suposto, que não tem paralelo no que diz respeito ao homem, não haveria nenhum fato real cuja existência fornecesse qualquer verdade à afirmação de que, se ele tivesse tirado uma carta do outro baralho, ele poderia ter sorteado uma carta preta. Realmente, dado que a validade de uma inferência consiste na verdade da proposição hipotética de que *se* a premissa for verdadeira a conclusão também o será, e visto que o único fato real que pode corresponder a tal proposição é que toda vez que o antecedente é verdadeiro então o consequente também é, segue-se que não há absolutamente sentido em raciocinar sobre um caso isolado.

À primeira vista, tais considerações parecem eliminar a dificuldade mencionada. No entanto, o outro lado do caso ainda não foi exaurido. Embora a probabilidade provavelmente manifeste seu efeito, digamos, em milhares de riscos, por uma certa proporção entre os números de sucessos e fracassos, ainda assim, como vimos, isso é somente dizer o que certamente acontecerá no final. Só que o número de riscos, o número das inferências prováveis que um homem faz em sua vida inteira, é finito, e ele não pode estar absolutamente *certo* de que o resultado médio estará de todo em acordo com as probabilidades. Tomando todos os seus riscos coletivamente, então, não se pode ter certeza de que eles não falharão, e o caso deste homem não difere do anteriormente suposto, exceto por uma questão de grau. É um resultado indubitável da teoria da probabilidade que todo jogador, se continuar a jogar o bastante, fatalmente ficará arruinado. Suponhamos que ele tente a aposta *martingale*, que alguns acreditam ser infalível, e que é proibida em casas de jogo, segundo me informaram. Neste método de jogar, o jogador primeiramente aposta, digamos, $ 1; se perder, passa a apostar $ 2; se perder agora, aposta $ 4; e se perder novamente, aposta $8; e se então ganhar, ele perdeu 1 + 2 + 4 = 7 , mas ganhou $ 1 a mais; e não importa quantas apostas ele perca, a primeira que ele ganha faz com que ele fique $ 1 mais rico do que de início. Nessa maneira de jogar, provavelmente ele ganhará no começo, mas, no final, virá uma hora em que a sorte estará tão contrária, que ele não terá dinheiro suficiente para dobrar a aposta e, por conseguinte, perderá o que já apostou. Isso *provavelmente* acontecerá antes que ele tenha ganhado o mesmo tanto que ele tinha de início, de modo que essa série contrária a ele o deixará mais pobre do que quando começou; uma hora ou outra certamente isso vai acontecer. É bem verdade que sempre há a possibilidade de ele ganhar uma grande soma, e assim chegamos a um paradoxo célebre, segundo o qual, embora sua ruína seja certa, o valor de suas expectativas, calculadas de acordo com as regras usuais (que omite tal consideração), é grande. Entretanto, se um jogador jogar desse modo ou de qualquer outro, a mesma coisa é dada como certa, a saber, se ele jogar o bastante ele pode estar certo de que, numa certa hora, ele terá uma série de azares que vai consumir sua fortuna inteira. O mesmo é verdadeiro para uma companhia de seguros. Mesmo que os administradores se esforcem ao máximo para ficarem independentes de grandes pestes ou calamidades, seus atuários têm como lhes dizer que, de acordo com a doutrina dos acasos, chegará a hora, afinal, em que suas perdas ocasionarão uma parada nos negócios. Eles podem contornar uma tal crise com recursos extraordinários, mas então recomeçarão numa situação pior, e a mesma coisa voltará a acontecer mais brevemente. Um atuário poderia inclinar-se a negar tal fato, porque ele sabe que a expectativa de sua companhia é grande, ou talvez (negligenciando-se os juros) seja infinita. Mas o cálculo das expectativas deixa de fora da conta a circunstância por ora em consideração, o que reverte a coisa toda. Entretanto, vocês não devem pensar que eu esteja dizendo que a seguridade é uma coisa insólita, mais do que os outros tipos de negócio. Todos os assuntos humanos repousam sobre probabilidades, e a mesma coisa é verdadeira em todo lugar. Se um homem fosse imortal, ele poderia estar perfeitamente certo de ver chegar o dia em que tudo aquilo que ele confiara passará a trair sua confiança e, em resumo, acabará em uma desesperança miserável. Ele acabaria finalmente, assim como toda grande fortuna, como toda dinastia, como toda civilização. No lugar disso, nós temos a morte.

Mas aquilo que, sem a morte, aconteceria a todo homem, com a morte deve acontecer apenas a alguns homens. Ao mesmo tempo, a morte torna finito o número de nossos riscos, de nossas inferências e, assim, torna incerto o seu resultado médio. A verdadeira ideia de probabilidade e de raciocínio repousa sobre a suposição de que tal número é indefinidamente grande. Nós então caímos na mesma dificuldade de antes, e eu não consigo ver senão uma solução para isso. Parece-me que somos levados ao seguinte, que a logicidade inexoravelmente requer que nossos interesses *não* devam ser limitados. Eles não podem parar no nosso próprio destino, mas devem englobar toda a comunidade. Esta comunidade, de novo, não pode ser limitada, mas deve estender-se a todas as raças de seres com os quais podemos entrar em relação intelectual, mediata ou imediata. Ela deve alcançar, embora vagamente, coisas além desta época geológica, além de todos os limites. Aquele que não sacrifica sua própria alma para salvar o mundo inteiro é ilógico em todas as suas inferências, coletivamente; isso é o que me parece. A lógica se enraíza no princípio social.

Para serem lógicos, os homens não podem ser egoístas; e, de fato, eles não são tão egoístas como se costuma pensar. A busca voluntariosa dos desejos é uma coisa diferente de egoísmo. O avarento não é egoísta; seu dinheiro não lhe faz bem, mas ele gosta do que se fará com seu dinheiro após sua morte. Nós constantemente falamos de *nossas* possessões no Pacífico, e de *nosso* destino como república, onde não estão envolvidos interesses pessoais, de modo que isso mostra que temos interesses mais amplos. Discutimos com ansiedade sobre a possível exaustão das reservas de carvão em algumas centenas de anos, ou sobre o extinguir do Sol daqui a alguns milhões, e a mais popular de todas as doutrinas religiosas mostra que podemos conceber a descida de um homem ao inferno tendo em vista a salvação de seus companheiros.

Só que para a logicidade não é necessário que um homem devesse *per se* ser capaz do heroísmo do autossacrifício. Bastaria que reconhecesse a possibilidade, percebesse que apenas as inferências do homem capaz de heroísmo são realmente lógicas e, consequentemente, deveria considerar suas próprias [inferências] como sendo válidas somente se elas fossem aceitas pelo herói. Na medida em que ele submeta suas inferências a esse padrão, ele começa a identificar-se com uma tal mente.

Isso faz com que a logicidade seja alcançável. Algumas vezes podemos alcançar o heroísmo pessoalmente. O soldado que vai escalar uma muralha sabe que provavelmente será alvejado, mas isso não é tudo o que lhe importa. Ele também sabe que se todo o regimento, com o qual ele se identifica em sentimento, avançar de uma só vez, então a fortaleza será subjugada. Em outros casos, nós apenas podemos imitar a virtude. Aquele sujeito, que supomos ter que sortear uma carta entre dois baralhos, que se não for um lógico, escolherá o baralho vermelho por mero hábito, se for suficientemente lógico, verá que não tem como usar a lógica se apenas interessar-se pelo seu próprio destino. Mas se prestasse atenção igualmente ao que acontece em todos os casos possíveis desse tipo, poderia agir logicamente e sortearia uma carta do baralho com maioria de vermelhas e, assim, embora *per se* incapaz de nobreza, nosso lógico imitaria o efeito da coragem daquele homem, para compartilhar da sua logicidade.

No entanto, isso requer imaginar uma identificação dos interesses de alguém com os interesses de uma comunidade ilimitada. Só que não há razões, e uma discussão posterior mostrará que não pode haver razões para pensar que a raça humana, ou qualquer raça intelectual, irá existir para sempre. Mas, por outro lado, também não pode haver razões contrárias;[7] e, afortunadamente, como tudo o que se requer é que tenhamos certos sentimentos, não há nada nos fatos que nos proíba de ter uma esperança, ou um desejo calmo e alegre, de que a comunidade possa durar para além de qualquer data determinável.

Pode parecer estranho que eu tenha lançado mão de três sentimentos, a saber, interesse em uma comunidade indefinida, reconhecimento da possibilidade desse interesse tornar-se supremo, e esperança na continuação ilimitada da atividade intelectual, como sendo os três requisitos indispensáveis da lógica. Entretanto, quando consideramos que a lógica depende de um mero esforço para escapar da dúvida, a

---

7 Aqui eu absolutamente não admito um incognoscível. A evidência teria como mostrar o que provavelmente seria o caso após qualquer lapso de tempo dado; e embora um tempo subsequente pudesse ser determinado, o qual a evidência não poderia cobrir, ainda assim evidências adicionais o cobririam.

qual, visto que termina na ação, deve então começar na emoção, e que, ademais, o único motivo de nos ampararmos na razão é o fato de que os outros métodos de escapar à dúvida não levam em conta o impulso social, por que ficaríamos admirados em encontrar o sentimento social como um pressuposto do raciocínio? Com relação aos outros dois sentimentos vistos como necessários, eles o são apenas como suportes ou acessórios do sentimento social. Interessa-me notar que esses três sentimentos são muitíssimo parecidos com o famoso trio da caridade, fé e esperança, que, na opinião de São Paulo, são as maiores e melhores dádivas espirituais.[8] Nem o Velho nem o Novo Testamento são manuais de lógica da ciência, mas o último certamente é a mais alta autoridade no que diz respeito às disposições de coração que um homem deveria ter.

---

8 NT.: Encontra-se na *Bíblia*, em *Coríntios I*, cap. 13.

V

Números estatísticos médios, tais como o número de habitantes por milha quadrada, o número médio de mortes por semana, o número de condenações por acusações, ou falando em geral, o número de *x* por *y*, em que o *x* é uma classe de coisas, da qual alguns ou todos os seus membros conectam-se com uma outra classe de coisas, *seus y*, tais números eu os defino como *números relativos*. Das duas classes de coisas às quais o número relativo se refere, aquela da qual se tem um número pode-se chamar de seu *relato*, e aquela *pela* qual se faz a numeração pode ser chamada de seu *correlato*.

Probabilidade é um tipo de número relativo; a saber, é a proporção entre o número de argumentos de um certo gênero que carregam a verdade consigo, pelo número total de argumentos desse gênero. A partir dessa consideração, derivamos facilmente as regras de cálculo de probabilidade. Todas elas podem ser fornecidas aqui, já que são extremamente simples e, às vezes, é conveniente conhecer um pouco das regras elementares do cálculo de probabilidades.

Regra I. *Cálculo direto*. Para calcular, diretamente, qualquer número relativo, digamos, por exemplo, o número de passageiros na viagem média de um bonde, devemos fazer o seguinte:

Conte-se o número de passageiros para cada viagem, some-se todos esses números, e divida-se pelo número de viagens do bonde. Há casos em que se pode simplificar a regra. Suponha que queiramos saber o número de habitantes por residência em Nova Iorque. A mesma pessoa não pode habitar duas casas. Se ele divide seu tempo entre duas residências, ele deveria ser contado como meio habitante de cada. Nesse caso, temos apenas que dividir o número total de habitantes de Nova Iorque pelo número de suas casas, sem a necessidade de contar em separado aqueles que habitam cada uma delas. Um procedimento similar aplica-se toda vez que cada relato individual pertença exclusivamente a um correlato. Se quisermos o número de x por y, e nenhum x pertence a mais do que um y, então temos apenas que tomar o número total de x dos y e dividi-lo pelo número de y. Tal método por certo falharia se aplicado na determinação do número médio de passageiros de bonde por viagem. Não poderíamos dividir o número total de viajantes pelo número de viagens, já que muitos deles fariam várias viagens.

Para encontrar a probabilidade de que uma dada classe de premissas, A, leve a uma dada classe de conclusões, B, é necessário simplesmente determinar qual a proporção das vezes em que as premissas daquela classe são verdadeiras, e também são verdadeiras as conclusões apropriadas. Em outras palavras, é o número de casos em que ambos os eventos A e B ocorrem, dividido pelo número total de casos de ocorrência do evento A.

Regra II. *Adição de números relativos.* Dados dois números relativos tendo o mesmo correlato, digamos o número de x por y, e o número de z por y; para adicioná-los é preciso encontrar o número de x e z juntos, por y. Se não há nada que seja ao mesmo tempo um x e um z para o mesmo y, então a soma dos dois números dados é o número procurado. Suponhamos, por exemplo, que temos o número médio de amigos de um homem, e o número médio de inimigos, a soma desses dois números é o número médio de pessoas que têm interesse num homem. Por outro lado, certamente não devemos adicionar o número médio de pessoas que possuem uma doença incapacitante, com o número de pessoas acima da idade militar, e com o número médio de dispensados do serviço militar por cada causa especial, tentando com isso retirar o número médio de dispensados no todo, já que muitos deles foram dispensados por duas ou mais formas de uma vez.

Essa regra aplica-se diretamente às probabilidades. Dada a probabilidade de que dois eventos diferentes e mutuamente excludentes aconteçam sob um mesmo suposto conjunto de circunstâncias, por exemplo, a probabilidade de que se A então B, e também a probabilidade de que se A então C, então a soma dessas duas probabilidades é a probabilidade de que se A então ou B ou C, na medida em que não há evento que pertença, de uma só vez, às duas classes B e C.

Regra III. *Multiplicação de números relativos.* Suponha-se que tenhamos como dado o número relativo de x's por y; e também o número relativo de z por x de y; ou, tomando um exemplo concreto, suponha-se que temos, primeiramente, o número médio de crianças das famílias que moram em Nova Iorque; e, em segundo lugar, o número médio de dentes por cabeça de criança nova-iorquina, então o produto desses dois números daria o número médio de dentes de crianças de uma família de Nova Iorque. Mas, em geral, esse modo de computar somente se aplicará sob duas circunstâncias. Em primeiro lugar, isso não seria correto se uma mesma criança pudesse pertencer a famílias diferentes, pois neste caso aquelas crianças pertencentes a diferentes famílias poderiam ter um número de dentes excepcionalmente grande ou pequeno, o que iria afetar o número médio de dentes de criança numa família, mais do que afetar o número médio de dentes por cabeça de criança. Em segundo lugar, a regra não seria verdadeira se as crianças pudessem compartilhar do mesmo dente, neste caso o número médio de dentes de criança seria evidentemente algo diferente do número médio de dentes pertencentes a uma criança.

Para aplicar esta regra às probabilidades, devemos fazer o seguinte: suponha-se que temos a probabilidade de que a conclusão B siga da premissa A; A e B representando usualmente certas classes de proposições. Suponha-se também que sabemos a probabilidade de uma inferência em que B seria a premissa e uma proposição C, de outro tipo, seria a conclusão. Aqui, então, temos os materiais para a aplicação dessa regra. Temos, primeiro, o número relativo de B por A. Em seguida devemos ter o número relativo de C por B que siga de A. Mas as classes de proposições são selecionadas de maneira tal que, a probabilidade de C seguindo qualquer B em geral é igual à probabilidade de C que segue de um dos B dedutíveis a partir de A; de modo que se pode multiplicar as duas probabilidades para obter a probabilidade de C seguindo de A. Existem as mesmas restrições tal como antes. Poderia acontecer que a probabilidade de que B siga de A fosse afetada por certas proposições da classe B seguindo de diversas proposições diferentes da classe A. Praticamente falando, entretanto, essas restrições têm poucas consequências, sendo usualmente reconhecido, como um princípio universalmente verdadeiro, que a probabilidade de que se A é verdade então B também é, multiplicada pela probabilidade de que se B é verdade, então C também é, a multiplicação delas fornece a probabilidade de que se A é verdade, então C também é.

 Há uma regra suplementar a essa, da qual se faz grande uso. Não é universalmente válida; e quando se usa tal regra suplementar, deve-se tomar a maior das precauções — um cuidado duplo: primeiro, nunca usá-la quando isso envolver erros graves, e nunca deixar de tirar proveito dela em casos em que pode ser usada. Esta regra depende do fato de que em vários casos reais a probabilidade de que C é verdade, se B for, é substancialmente a mesma que a probabilidade de que C é verdade, se A for. Suponha-se, por exemplo, que temos o número médio de meninos dentre as crianças nascidas em Nova Iorque; suponha que também temos o número médio de crianças nascidas nos meses de inverno (*sic*) dentre aquelas nascidas em Nova Iorque. Agora, sem dúvida podemos assumir, ao menos como uma proposição muito aproximada (e nenhum cálculo verdadeiramente bom ocuparia o lugar no que diz respeito às probabilidades), que a proporção de meninos dentre todas as crianças nascidas em Nova Iorque é a mesma que a proporção de meninos nascidos em Nova Iorque no verão e, por conseguinte, se os nomes de todas as crianças nascidas em um ano fossem colocados em uma urna, poderíamos multiplicar a probabilidade de que qualquer nome sorteado seja de menino, pela probabilidade de que seja o nome de uma criança nascida no verão, obtendo assim a probabilidade do nome sorteado ser o de um menino nascido no verão. As questões de probabilidade, nos tratados sobre o assunto, usualmente têm sido tais como a de relacionar bolas sorteadas de urnas, jogos de carta, e assim por diante, nas quais há independência entre os eventos — quer dizer, se a probabilidade de C, sob a hipótese B, é a mesma que quando sob a hipótese A. Mas, na aplicação das probabilidades às questões ordinárias da vida, frequentemente trata-se de uma questão muitíssimo sutil se dois eventos podem ser considerados independentes, com suficiente exatidão ou não. Em todos os cálculos sobre cartas, assume-se que as cartas estão totalmente embaralhadas, o que torna uma rodada completamente independente de uma outra. Mas, na prática, as cartas raramente encontram-se suficientemente embaralhadas a ponto de garantir independência entre as rodadas; então, num jogo de *whist*, no qual as cartas caem em conjuntos de quatro do mesmo naipe, e assim são reunidas, elas acabam sendo distribuídas mais ou menos em conjuntos de quatro do mesmo naipe e, em verdade, isso acontece mesmo após serem embaralhadas. Ao menos alguns traços desse arranjo permanecerão e, em consequência, o número de "naipes curtos", como são chamados — quer dizer, o número de mãos em que as cartas dividem-se muito desigualmente em termos dos naipes — é menor do que o cálculo iria prever; de modo que, quando há uma rodada perdida, onde as cartas, sendo largadas na mesa, ficam bastante embaralhadas, é comum dizer que na distribuição das próximas mãos geralmente haverá "naipes curtos". Poucos anos atrás, um amigo meu, que joga bastante bem *whist*, era tão bom a ponto de contar o número de espadas recebidos por ele em 165 mãos, nas quais as cartas tinham sido embaralhadas mais do que o usual, pelo menos. De acordo com o cálculo, dessas mãos deveria haver 85 nas quais meu amigo tivesse ou três ou quatro espadas, mas de fato houve 94, mostrando a influência do embaralhar imperfeito.

De acordo com o ponto de vista aqui tomado, essas são as únicas regras fundamentais para o cálculo de probabilidades. Uma regra adicional, derivada de uma concepção diferente de probabilidade, é fornecida em alguns tratados, a qual, fosse correta, poderia ser tomada como a base de uma teoria do raciocínio. Sendo, como acredito eu, absolutamente absurda, a consideração dela serve para levar-nos à teoria verdadeira; e é para o benefício dessa discussão, que deve ser postergada até o próximo ensaio, que eu chamei a atenção do leitor para a doutrina dos acasos, nesse estágio inicial de nosso estudo da lógica da ciência.

4
A probabilidade da indução

I

Vimos que a força de qualquer argumento deriva da verdade geral da classe de inferências à qual ele pertence; e que a probabilidade é a proporção de argumentos que carregam a verdade consigo dentre os demais de qualquer gênero. Isso se expressa mais convenientemente na nomenclatura dos lógicos medievais. Eles chamavam de *antecedente* ao fato expresso pela premissa, e o que segue disso é seu *consequente*; enquanto que o princípio-guia, de que todo (ou quase todo) antecedente é seguido por seu consequente, eles chamavam de *consequência*. Usando essa linguagem, nós podemos dizer que a probabilidade pertence exclusivamente às *consequências*, e a probabilidade de qualquer consequência é o número de vezes em que antecedente e consequente ocorrem juntos, dividido pelo número total de ocorrências do antecedente. Dessa definição deduzem-se as seguintes regras para a adição e a multiplicação de probabilidades.

Regra para a adição de probabilidades. Dadas as probabilidades separadas de duas consequências que tenham o mesmo antecedente e consequentes incompatíveis; então a soma desses dois números é a probabilidade da consequência, isto é, que de um mesmo antecedente siga-se um ou outro daqueles consequentes.

Regra para a multiplicação de probabilidades. Dadas as probabilidades separadas de duas consequências, "se A então B", e "se ambas A e B, então C"; o produto desses dois números é a probabilidade da consequência, "se A, então ambas B e C".

Regra especial para a multiplicação de probabilidades independentes. Tomem-se as probabilidades separadas de duas consequências tendo o mesmo antecedente, "se A, então B", e "se A, então C". Suponha-se que estas consequências são tais que a probabilidade da segunda é igual à probabilidade da consequência, "se ambas A e B, então C", então o produto desses dois números dados é igual à probabilidade da consequência, "se A, então ambas B e C".

Para mostrar o funcionamento dessas regras podemos examinar as probabilidades com respeito ao lançamento de dados. Qual a probabilidade de sortear um seis com um dado? O antecedente aqui é o evento de lançar o dado; o consequente, o sortear de um seis. Como o dado tem seis lados, todos eles com igual frequência de sorteio, a probabilidade de aparecer qualquer lado é de 1/6. Suponhamos que dois dados sejam lançados, qual a probabilidade de ambos sortearem seis? A probabilidade de cada dado vir a ser seis é obviamente a mesma, tanto para o lançamento simultâneo, quanto para lançamentos individuais — a saber, 1/6. A probabilidade de um deles ser seis também é a mesma, quer quando o outro for seis, quer quando não for. As probabilidades são, portanto, independentes; e, pela regra, a probabilidade de que ambos os eventos aconteçam conjuntamente é o produto de suas probabilidades individuais, 1/6 X 1/6, ou 1/36. Qual a probabilidade de tirar o par dois-e-um ou um-e-dois? A probabilidade de que o primeiro dado caia um e o segundo caia dois é a mesma probabilidade de ambos caírem seis — a saber, 1/36; a probabilidade de que o *segundo* caia um e o *primeiro* caia dois é da mesma maneira 1/36; estes dois eventos — primeiro, um; segundo dois; e, segundo, um; primeiro, dois — são incompatíveis. Destarte vale a regra da adição, e a probabilidade de qualquer deles ser um e o outro dois é 1/36 + 1/36, ou 1/18.

Por essa via é possível resolver todos os problemas sobre dados e etc. Quando se supõe que o número de dados lançados é bem grande, a matemática (que pode ser definida como a arte de fazer grupos para facilitar a numeração) vem nos ajudar através de certos estratagemas para reduzir as dificuldades.

II

A concepção de probabilidade como uma questão de fato, isto é, como a proporção de vezes em que uma ocorrência de um tipo é acompanhada por uma ocorrência de outro tipo, é chamada pelo Sr. Venn de visão materialista do assunto.[1] Mas a probabilidade tem frequentemente sido considerada como sendo simplesmente o grau de crença que deveria ser vinculado a uma proposição; e tal modo de explicar a noção é chamada por Venn de visão conceitualista. A maioria dos autores mistura as duas concepções. Eles, primeiro, definem a probabilidade de um evento como a razão [*reason*] que temos para acreditar que tal coisa tem seu lugar, o que é conceitualista; mas, logo após isso, eles estabelecem que a probabilidade é a taxa [*ratio*] do número de casos favoráveis de um evento dividido pelo número total de casos favoráveis e desfavoráveis, sendo todos igualmente possíveis. Exceto pelo fato de que isso introduz a ideia completamente obscura de casos igualmente possíveis no lugar de casos igualmente frequentes, esta é uma exposição tolerável da visão materialista. A teoria conceitualista pura foi exposta da melhor maneira pelo Sr. De Morgan[2] no seu *Formal logic: Or the calculus of inference, necessary and probable*.

A grande diferença entre as duas análises é que os conceitualistas atribuem probabilidade a um evento, enquanto os materialistas fazem

---

[1] NT.: John Venn (1834-1932), lógico e matemático britânico, cujo tratamento diagramático do silogismo ficou bastante difundido (diagramas de Venn). Aqui Peirce remete ao prefácio do livro *The logic of chance*, de 1866.

[2] NT.: Augustos De Morgan (1806-1871), lógico e matemático britânico, célebre por seus trabalhos de formalização em lógica.

disso uma proporção entre a frequência de eventos de uma *espécie* e aqueles eventos de um *gênero* sobre aquela *espécie*, e assim dão a isso dois termos ao invés de um. A oposição pode ser colocada como segue:

Suponha-se que temos duas regras de inferência, tal que, de todas as questões para quais ambas regras podem ser aplicadas na solução, a primeira fornece respostas corretas em 81/100 casos, e respostas incorretas para os restantes 19/100; enquanto a segunda fornece respostas corretas para 93/100, e respostas incorretas para os restantes 7/100. Suponha-se, ademais, que as duas regras são inteiramente independentes quanto às suas veracidades, de modo que a segunda responde corretamente 93/100 das questões que a primeira responde corretamente, e também 93/100 das questões que a primeira responde incorretamente, e responde incorretamente as restantes 7/100 das questões que a primeira responde corretamente, e também as restantes 7/100 das questões que a primeira responde incorretamente. Então, de todas as questões para as quais ambas regras podem ser aplicadas:

– ambas respondem corretamente:
$$\frac{93}{100} \text{ de } \frac{81}{100} \text{ ou } \frac{93 \times 81}{100 \times 100} ;$$

– a segunda responde corretamente e a primeira incorretamente:
$$\frac{93}{100} \text{ de } \frac{19}{100} \text{ ou } \frac{93 \times 19}{100 \times 100} ;$$

– a segunda responde incorretamente e a primeira corretamente:
$$\frac{7}{100} \text{ de } \frac{81}{100} \text{ ou } \frac{7 \times 81}{100 \times 100} ;$$

– e ambas respondem incorretamente:
$$\frac{7}{100} \text{ de } \frac{19}{100} \text{ ou } \frac{7 \times 19}{100 \times 100} ;$$

Suponha-se, agora, que, com relação a qualquer questão, ambas dêem a mesma resposta. Então (sendo a questão tal que seja respondida por sim ou não), o conjunto das respostas que concordam é igual às respostas corretas para ambas junto com as respostas incorretas para ambas, ou (93 X 81 / 100 X 100) + (7 X 19 / 100 X 100) de todas. A proporção daquelas em que ambas respondem corretamente tiradas das respostas que concordam é, portanto:

$$\frac{\dfrac{93 \times 81}{100 \times 100}}{\dfrac{93 \times 81}{100 \times 100} + \dfrac{7 \times 19}{100 \times 100}} \quad \text{ou} \quad \frac{93 \times 81}{(93 \times 81) + (7 \times 19)}.$$

Esta é, portanto, a probabilidade de que, se ambos modos de inferência fornecerem o mesmo resultado, tal resultado será correto. Aqui podemos fazer uso adequado de um outro modo de expressão. A probabilidade é a proporção dos casos favoráveis por todos os casos. Ao invés de expressar nosso resultado em termos dessa proporção, podemos usar um outro — a proporção entre os casos favoráveis pelos casos desfavoráveis. Esta última pode ser chamada de a *chance*[3] de um evento. Então, a chance de uma resposta correta via a primeira regra de inferência é 81/19, e via a segunda é 93/7; e a chance de uma resposta correta de ambas, quando elas concordam, é

$$\frac{81 \times 93}{19 \times 7} \quad \text{ou} \quad \frac{81}{19} \times \frac{93}{7}$$

ou o produto de cada chance singular de acerto.

Veremos que a chance é uma quantidade que pode ter qualquer magnitude, por maior que seja. Um evento cuja chance a seu favor é equilibrada, ou 1/1, tem uma probabilidade de ½. Um argumento que tem uma chance equilibrada não pode reforçar em nada a outros, já que de acordo com a regra, sua combinação com qualquer outro iria somente multiplicar a chance do último por 1.

---

3 NT.: Como explicado na "Introdução", manteremos o vocábulo *chance* porque, no sentido utilizado por Peirce, as significações são parecidas tanto em inglês quanto em português.

A probabilidade e a chance, sem dúvida, pertencem primariamente às consequências, e são relativas às premissas, mas nós podemos, não obstante, falar da chance de um evento de modo absoluto, significando a chance da combinação de todos os argumentos referentes a ele, para nós existentes em dado estado de nosso conhecimento. Tomada nesse sentido, é incontestável que a chance de um evento tem uma íntima conexão com o grau de nossa crença nele. A crença é certamente algo mais do que uma mera sensação; ainda, há uma sensação quando se crê, e essa sensação varia, e deve variar, com a chance da coisa acreditada, deduzida de todos os argumentos. Por conseguinte, qualquer quantidade que varia com a chance poderia, é o que me parece, servir como termômetro para a própria intensidade da crença. Entre tais quantidades há uma peculiarmente apropriada. Quando há uma chance muitíssimo grande, a sensação da crença deveria ser bem intensa. A certeza absoluta, ou uma chance infinita, nunca poderia ser alcançada por mortais, e isso pode ser adequadamente representado por uma crença infinita. Quando a chance diminui, a sensação de crer deveria diminuir, até que se chega a uma chance equilibrada, situação em que a sensação deveria sumir, sem nos inclinar nem contra nem a favor de uma proposição. Quando a chance ficar ainda menor, então uma crença contrária deve surgir e aumentar em intensidade na medida em que a chance diminui, e quando a chance quase desaparecer (o que nunca pode acontecer totalmente) a crença contrária deve tender a uma intensidade infinita. Ora, há uma quantidade que preenche essas condições, de maneira mais simples do que qualquer outra, é o *logaritmo* da chance. Mas há uma outra consideração que, se admitida, apoia nossa escolha desse termômetro. É que nossa crença deveria ser proporcional ao peso da evidência, no sentido de que dois argumentos inteiramente independentes, que nem reforçam nem enfraquecem um ao outro, deveriam, quando concordam, produzir uma crença igual à soma das intensidades de crença que cada qual produziria separadamente. Mas vimos que as chances de argumentos independentes coincidentes são multiplicadas para obter a chance da sua combinação e, portanto, as quantidades que melhor expressam as intensidades da crença deveriam ser tais que sejam *adicionadas* quando as *chances* são multiplicadas, de maneira que produzam a quantidade que corresponda à chance combinada. Com efeito, o logaritmo é a única quantidade que preenche tal condição. Há uma lei geral da sensibilidade chamada de lei psicofísica de Fechner.[4] Segundo ela, a intensidade de qualquer sensação é proporcional ao logaritmo da força externa que a produz. Tal lei está em inteira harmonia com a noção de que a sensação da crença deveria ser o logaritmo da chance, sendo esta última a expressão do estado de fatos que produz a crença.

A regra de combinação de argumentos coincidentes independentes toma uma forma bem simples quando expressa em termos da intensidade da crença medida da maneira proposta. É a seguinte: tome-se a soma de todas as sensações de crença que poderiam ser produzidas separadamente por todos os argumentos *pro*, subtraia-se disso a soma similar dos argumentos *contra*, então o restante é a sensação de crença que nós, no todo, deveríamos ter. Este é um procedimento ao qual os homens frequentemente apelam, sob o nome de *balanço de razões*.

Essas considerações constituem um argumento a favor da visão conceitualista. A essência disso é que a probabilidade combinada de todos os argumentos dos quais dispomos, relativos a qualquer fato, deve estar intimamente ligada com o merecido grau de nossa crença no fato; e tal ponto é suplementado por vários outros que mostram a consistência dessa teoria com ela mesma e com resto de nosso conhecimento.

Mas a probabilidade, para ter qualquer valor, deve expressar um fato. É, portanto, uma coisa a ser inferida a partir de evidências. Vamos então, por um momento, considerar a formação de uma crença de probabilidade. Suponha-se que temos um grande saco de feijões, dos quais um foi tirado secretamente ao acaso e escondido sob um dedal. Agora nós formamos um julgamento da provável cor desse feijão, sorteando outros individualmente do saco e olhando para eles, cada qual sendo colocado de volta, e misturando-os bem depois de cada sorteio. Suponha que o

---

4 NT.: Segundo essa lei, a magnitude da excitação nervosa aumenta geometricamente, enquanto que a magnitude da sensação dela aumenta aritmeticamente, de modo que a segunda é proporcional ao logaritmo da primeira. Juntamente com Joseph Jastrow (psicólogo americano), Peirce investigava experimentalmente essa lei psicofísica. Ver Peirce e Jastrow, *On small diferences in sensation*, de 1885.

primeiro é branco e o segundo é preto. Concluímos que não há uma imensa preponderância de nenhuma das cores, e que há algo como uma chance equilibrada de que o feijão debaixo do dedal seja preto. Mas esse juízo pode ser alterado por poucos sorteios seguintes. Quando tivermos dez sorteios, se 4, 5 ou 6 forem brancos, teremos uma maior confiança de que a chance é equilibrada. Quando tivermos sorteado milhares, se por volta da metade forem brancos, teremos uma grande confiança no resultado. Nós agora nos sentimos quase certos de que, se fôssemos fazer um grande número de apostas sobre a cor dos feijões individuais tirados do saco, poderíamos, no longo prazo, ficar seguros apostando em branco a cada duas vezes, uma confiança totalmente ausente se, ao invés da amostragem do saco ser de 1.000 sorteios, nós tivéssemos feito isso com base em apenas dois. Agora, como toda a utilidade da probabilidade é nos dar segurança no longo prazo, e como a segurança depende não somente do valor da chance, mas também da acuidade da avaliação, segue que não podemos ter a mesma sensação de crença no que se refere a todos os eventos que tenham chance equilibrada. Em resumo, para expressar o estado apropriado de nossa crença, são necessários dois números e não somente um, o primeiro dependendo da probabilidade inferida, e o segundo dependendo da quantidade de conhecimento sobre o qual a probabilidade se baseia.[5] É verdade que quando nosso conhecimento é muito preciso, quando tivermos feito muitos sorteios do saco, ou, como na maioria dos exemplos dos livros, quando o conteúdo total do saco é absolutamente conhecido, o número que expressa a incerteza da probabilidade assumida e sua sujeição a mudança pela experiência futura, torna-se insignificante, ou desaparece ulteriormente. Mas, quando nosso conhecimento é fraco, tal número pode ser ainda mais importante do que a própria probabilidade; e quando não temos conhecimento algum, ele suplanta o outro, de modo que não há sentido em dizer que a chance de um evento totalmente desconhecido seja equilibrada (pois, o que não expressa absolutamente um fato, não tem absolutamente sentido),

---

5 Estritamente, deveríamos precisar de uma série infinita de números, cada qual dependendo do erro provável do último.

e o que deveríamos dizer é que a chance é inteiramente indefinida. Nós assim percebemos que a visão conceitualista, embora responda bem o bastante para alguns casos, é completamente inadequada.

Suponha-se que o primeiro feijão sorteado seja preto. Isso constituiria um argumento, não importa quão fraco, de que o feijão debaixo do dedal também seria preto. Se um segundo feijão preto fosse sorteado, então teríamos um segundo argumento independente reforçando o primeiro. Se, no conjunto, os primeiros vintes feijões sorteados fossem pretos, nossa confiança de que o feijão escondido é preto iria obter com justiça uma força considerável. Mas suponha-se que o vigésimo primeiro feijão sorteado seja então branco, e que ao continuar sorteando feijões encontrássemos 1.010 pretos e 990 brancos. Deveríamos concluir que nossos primeiros 20 sorteios de feijões pretos foram simplesmente um acidente extraordinário, e que de fato a proporção entre feijões brancos e pretos é sensivelmente igual, e assim há uma chance equilibrada de que o feijão escondido seja preto. No entanto, de acordo com a regra do balanço das razões, já que todos os sorteios de feijões pretos são tantos argumentos independentes a favor de que o feijão escondido seja preto, e já que todos os sorteios de feijões brancos também são tantos argumentos contra isso, um excesso de vinte feijões deveria produzir o mesmo grau de crença de que o feijão escondido seja preto, qualquer que seja o número sorteado total.

Na visão conceitualista da probabilidade, ignorância completa, quando o juízo não deveria inclinar-se nem para perto nem para longe da hipótese, representa-se pela probabilidade ½.[6]

Mas suponhamos que somos totalmente ignorantes a respeito da cor dos cabelos dos habitantes de Saturno. Tomamos, então, um mapa de cores no qual todas as cores possíveis são mostradas, mesclando-se em graus imperceptíveis. Em tal mapa, as áreas relativas ocupadas por diferentes classes de cores são perfeitamente arbitrárias. Delimitemos uma dessas áreas com uma linha fechada e perguntemos, a partir de princípios

---

6 "Indecisão perfeita, a crença inclinando-se para lado nenhum, uma chance equilibrada" — De Morgan [*Formallogic* (1847)], p. 182.

conceitualistas, qual a chance de que a cor do cabelo dos habitantes de Saturno caia dentro dessa área. A resposta não poderia ser indeterminada, porque devemos ter algum estado de crença; e, na verdade, autores conceitualistas não admitem probabilidades indeterminadas. Como não há certeza sobre a questão, a resposta se encontra entre zero e um. Como os dados não fornecem nenhum valor numérico, o número deve ser determinado pela natureza da própria escala de probabilidade, e não pelo cálculo a partir dos dados. A resposta, por conseguinte, somente pode ser meio, já que o juízo não deveria nem favorecer nem desfavorecer a hipótese. O que é verdadeiro para uma determinada área é verdadeiro para qualquer outra; e será igualmente verdadeiro para uma terceira que englobe as duas anteriores. Mas sendo meio a probabilidade de cada uma das áreas menores, a probabilidade da maior deveria ser ao menos um, o que é absurdo.

III

Todos os raciocínios são de dois tipos: 1) explicativo, analítico ou dedutivo; 2) ampliativo, sintético ou (falando livremente) indutivo. No raciocínio explicativo, certos fatos são primeiramente arrolados nas premissas. Esses fatos, em todo caso, são uma multidão inexaurível, mas podem ser frequentemente totalizados em uma proposição simples por meio de alguma regularidade que permeia a todos. Assim, tome-se a proposição de que Sócrates foi um homem; isso implica (para não ir mais longe) que durante cada fração de segundo de sua vida inteira (ou, se se preferir, durante a maior parte disso) Sócrates foi um homem. Ele não apareceu num instante como uma árvore e, num outro momento, como um cachorro, ele não se dissolveu na água, ou apareceu em dois lugares ao mesmo tempo, e ninguém poderia colocar seu dedo através dele como se ele fosse uma imagem óptica etc. Uma vez arrolados tais fatos, alguma ordem entre eles, que não é usada particularmente para o propósito de estabelecê-los, pode ser descoberta; e isso nos capacita a colocar uma parte ou todos eles em uma nova proposição, possibilidade que poderia ter escapado à nossa atenção. Uma tal proposição será a conclusão de uma inferência analítica. Desse tipo são todas as demonstrações matemáticas. Mas o raciocínio sintético é diferente. Nesse caso os fatos totalizados na conclusão não estão entre aqueles estabelecidos nas premissas. São fatos diferentes, como quando alguém nota que a maré subiu m vezes e conclui que subirá uma próxima vez. Essas são as únicas inferências que aumentam nosso conhecimento real, conquanto úteis possam ser as outras.

Em qualquer problema sobre probabilidades, temos uma dada frequência relativa de eventos, e percebemos que nesses fatos encontra-se escondida a frequência de um outro evento. O estabelecimento disso fornece a solução. Isto é, por conseguinte, um raciocínio meramente explicativo, e evidentemente é inteiramente inadequado para representar o raciocínio sintético, que vai além dos fatos dados nas premissas. Portanto, há uma manifesta impossibilidade de encontrar por essa via qualquer probabilidade para uma conclusão sintética.

A maioria dos tratados sobre probabilidades contém uma doutrina bem diferente. Eles estabelecem, por exemplo, que se um dos antigos moradores das praias do Mediterrâneo, alguém que nunca tivesse ouvido falar de marés, tivesse ido à baía de Biscay, e lá tivesse visto a maré subir, digamos m vezes, ele teria como saber que haveria uma probabilidade igual a

$$\frac{m+1}{m+2}$$

de que a maré subisse uma vez mais. Em um trabalho bem conhecido de Quételet, muita ênfase é colocada sobre tal ponto, e se faz disso o fundamento de uma teoria do raciocínio indutivo.[7]

Mas essa solução trai sua origem se a aplicamos ao caso em que o homem absolutamente nunca tivesse visto a maré subir, isto é, se colocamos m = zero. Neste caso, a probabilidade da maré subir uma próxima vez seria ½, ou, em outras palavras, a solução envolve o princípio conceitualista de que há uma chance equilibrada de um evento totalmente desconhecido. A maneira pela qual se alcançou isso foi pela consideração de um número de urnas, todas elas contendo o mesmo número de bolas, parte delas brancas e parte delas pretas. Uma urna contém somente bolas brancas, outra, uma preta e o resto brancas, uma terceira, duas pretas e o resto brancas e, assim por diante, com uma urna para cada proporção, até que haja uma última urna contendo somente bolas pretas. Mas a única razão possível para existir alguma analogia entre

---

7 NT.: Cf. Adolphe Quételet, *Théorie des probabilités* (1853), parte 2, capítulo 1.

tal arranjo e o arranjo natureza é o princípio de que devemos considerar como igualmente prováveis alternativas das quais nada sabemos. Mas tal princípio é absurdo. Há uma variedade indefinida de maneiras de enumerar as possibilidades diferentes, as quais, pela aplicação do princípio, dariam resultados diferentes. Se há alguma maneira de enumerar as possibilidades de modo a torná-las todas iguais, não é aquela da qual a solução é derivada, mas é na verdade a seguinte: suponha-se que temos um imenso celeiro cheio de bolas pretas e brancas bem misturadas, e suponha-se que cada urna fosse preenchida tomando-se um número fixo de bolas desse celeiro, totalmente ao acaso. O número relativo de bolas brancas no celeiro poderia ser qualquer um, digamos um em três. Então, em um terço das urnas a primeira bola seria branca, e em dois terços seria preta. Em um terço das urnas cuja primeira bola é branca, e também em um terço das urnas cuja primeira é preta, a segunda bola seria branca. Por essa via, teríamos uma distribuição parecida com a mostrada na tabela a seguir, onde *b* significa uma bola branca e *p* uma bola preta. O leitor pode, se quiser, verificar a tabela por si mesmo.

bbbb

bbbp bbpb bpbb pbbb
bbbp bbpb bpbb pbbb

bbpp bpbp pbbp bppb pbpb ppbb
bbpp bpbp pbbp bppb pbpb ppbb
bbpp bpbp pbbp bppb pbpb ppbb
bbpp bpbp pbbp bppb pbpb ppbb

bppp pbpp ppbp pppb
bppp pbpp ppbp pppb
bppp pbpp ppbp pppb
bppp pbpp ppbp pppb
bppp pbpp ppbp pppb

bppp   pbpp   ppbp   pppb
bppp   pbpp   ppbp   pppb
bppp   pbpp   ppbp   pppb

pppp
pppp
pppp
pppp
pppp
pppp
pppp
pppp
pppp
pppp
pppp
pppp
pppp
pppp
pppp
pppp

No segundo grupo, onde há um *p*, há dois conjuntos iguais, no terceiro há 4, no quarto há 8, e no quinto há 16, dobrando a cada vez. Isto porque suposemos duas vezes mais bolas pretas do que brancas no celeiro; tivéssemos suposto dez vezes mais, ao invés de

1, 2, 4, 8, 16

conjuntos, nós teríamos obtido

1, 10, 100, 1000, 10000

conjuntos; por outro lado, caso o número de bolas pretas e brancas no celeiro fosse igual, haveria apenas um conjunto em cada grupo. Suponha-se agora que duas bolas fossem sorteadas de uma dessas urnas e que ambas fossem brancas, qual seria a probabilidade de que a próxima viesse a ser branca? Se as duas sorteadas fossem as duas primeiras colocadas nas urnas, e a próxima a ser sorteada fosse a terceira colocada dentro, então a probabilidade desta terceira ser branca seria a mesma qualquer que fosse a cor das duas primeiras, pois foi suposto que a mesma proporção de urnas tem a terceira bola branca dentre aquelas que têm as duas primeiras branca-branca, branca-preta, preta-branca, e preta-preta. Assim, nesse caso, a chance da terceira ser branca seria a mesma qualquer que fosse a cor das duas primeiras. Mas, inspecionando a tabela, o leitor pode ver que em cada grupo todas as ordenações das bolas ocorrem com igual frequência, de modo que não faz diferença se elas foram sorteadas na ordem, ou não, em que foram colocadas nas urnas. Portanto, as cores das bolas já sorteadas não têm influência sobre a probabilidade de qualquer outra ser branca ou preta.

Com efeito, se há alguma maneira de enumerar as possibilidades da natureza, de modo a torná-las igualmente prováveis, esta claramente deve ser uma maneira que torna um arranjo ou combinação dos elementos da natureza tão provável quanto outro, isto é, uma distribuição como a que suposemos e, por conseguinte, parece que a afirmação de que uma tal coisa possa ser feita leva simplesmente à conclusão de que o raciocínio da experiência passada para a futura é uma coisa absolutamente sem valor. De fato, no momento em que se assume que as chances a favor daquilo que somos totalmente ignorantes são equilibradas, o problema acerca das marés não difere, em qualquer detalhe aritmético, do caso em que uma moeda (a qual se sabe ter uma probabilidade igual de cair cara ou coroa) caísse cara m vezes sucessivamente. Sendo breve, assumir-se-ia que a natureza é um puro caos, ou combinação ao acaso de elementos independentes, no qual o raciocínio de um fato a outro seria impossível; e dado que, como veremos doravante, não há juízo de observação pura sem raciocínio, isso levaria a supor que toda cognição humana é ilusória e nenhum conhecimento real é possível. Seria supor que se encontramos uma ordem na natureza mais ou menos regular no passado, isso aconteceu por um puro golpe de sorte, o qual se pode esperar que esteja para acabar. Ora, pode ser que não tenhamos nem mesmo uma migalha de prova ao contrário, mas a razão é desnecessária com referência àquela crença que é, de todas, a mais afirmada, que ninguém duvida nem pode duvidar, e que aquele que devesse negá-la tornar-se-ia estulto quando assim procedesse.

    A probabilidade relativa deste ou daquele arranjo da natureza é algo sobre o qual deveríamos ter o direito de falar, caso os universos fossem tão abundantes como amoras silvestres, ou se pudéssemos colocar uma quantidade deles numa sacola, misturá-los bem, retirar uma amostra deles e examiná-los para ver que proporção deles possui um arranjo e que proporção possui outro. Mas, mesmo neste caso, um universo maior nos envolveria, e a concepção de probabilidade a respeito desses arranjos poderia não ter aplicabilidade.

IV

Examinamos o problema proposto pelos conceitualistas, que, traduzido em uma linguagem clara, é o seguinte: dada uma conclusão sintética, requer-se conhecer, de todos os possíveis estados de coisas, quantos irão concordar com tal conclusão, em qualquer grau assinalado; e encontramos que é um mero absurdo tentar reduzir uma razão sintética a uma analítica, e que não é possível nenhuma solução definida.

Mas há um outro problema conectado com esse assunto. É este: dado um certo estado de coisas; requer-se conhecer que proporção de todas as inferências sintéticas relacionadas a isso será verdadeira dentro de um dado grau de aproximação. Ora, não há dificuldade acerca desse problema (exceto por sua complicação matemática); trata-se de uma coisa muito estudada, e a resposta é perfeitamente bem conhecida. E não é isso, afinal, o que queremos saber, muito mais do que aquele outro problema? Por que deveríamos querer conhecer a probabilidade de que o fato irá concordar com nossa conclusão? Isso implica que estamos interessados em todos os mundos possíveis, e não meramente naquele em que nos encontramos. Por que não haveria de ser muito mais de nosso propósito conhecer a probabilidade de que nossa conclusão concorde com o fato? Uma dessas questões é a primeira acima colocada [fatos que concordam com a conclusão] e a outra é a segunda [conclusões que concordam com o fato], e, pergunto ao leitor, se as pessoas, ao invés de usarem a palavra probabilidade sem qualquer clara apreensão de seu significado, falassem sempre em termos de frequência relativa, elas poderiam ter falhado em perceber que o que elas querem não era perseguir um procedimento sintético por meio de um analítico, mas, ao contrário, começar com o fato que é almejado pela inferência sintética, e retroceder aos fatos que tal inferência usa como premissas de modo a ver a probabilidade de sua existência tal que venha a fornecer a verdade.

Como não podemos ter uma urna com um número infinito de bolas para representar a inexauribilidade da natureza, suponhamos uma com um número finito, mas cada bola sendo colocada de volta na urna após ser sorteada, de maneira que não há exaustão delas. Suponha-se que uma bola em cada três é branca e o resto é de pretas, e que quatro bolas são sorteadas. Então a tabela [já fornecida páginas atrás] representa a frequência relativa das diferentes maneiras pelas quais as bolas podem ser sorteadas. Veremos que se tivéssemos que julgar, por essas quatro bolas, a proporção na urna, 32 vezes em 81 deveríamos encontrar ¼, e 24 vezes em 81 deveríamos encontrar ½, sendo que a verdadeira proporção é 1/3. Estender essa tabela a grandes números seria um enorme trabalho, mas os matemáticos encontraram alguns estratagemas engenhosos para reconhecer quais seriam os números. Encontrou-se que, se a verdadeira proporção de bolas brancas é p, e s são as bolas sorteadas, então o erro da proporção obtida via indução será:

metade das vezes dentro de	$0.477\sqrt{\dfrac{2p(1-p)}{s}}$
9 vezes em 10 dentro de	$1.163\sqrt{\dfrac{2p(1-p)}{s}}$
99 vezes em 100 dentro de	$1.821\sqrt{\dfrac{2p(1-p)}{s}}$
999 vezes em 1000 dentro de	$2.328\sqrt{\dfrac{2p(1-p)}{s}}$
9.999 vezes em 10.000 dentro de	$2.751\sqrt{\dfrac{2p(1-p)}{s}}$
9.999.999.999 vezes em 10.000.000.000 dentro de	$4.77\sqrt{\dfrac{2p(1-p)}{s}}$

O uso disto pode ser ilustrado por um exemplo. Pelo censo de 1870, aconteceu que a proporção de meninos, entre as crianças brancas nativas com até um ano de idade era 0,5082; enquanto entre as crianças negras da mesma idade a proporção era de apenas 0,4977. A diferença entre os grupos foi de 0,0105, ou em torno de 1 em 100. Pode atribuir-se isso ao acaso, ou sempre existirá essa diferença para um número grande de crianças brancas e negras sob as mesmas circunstâncias? Aqui p pode ser tomado como ½; então 2p(1 – p) também é ½. O número de crianças brancas contadas era próximo de 1.000.000; então a fração cuja raiz quadrada vem a ser tomada é cerca de 1/2.000.000. A raiz gira em torno de 1/1.400, e isso multiplicado por 0,477 dá cerca de 0,0003 como erro provável da proporção de meninos entre crianças brancas quando obtida da indução. O número de crianças negras era em torno de 150,000, o que dá um erro provável de 0,0008. Vemos que a discrepância real é dez vezes a soma desses erros, e tal resultado aconteceria, de acordo com nossa tabela, apenas uma vez em 10.000.000.000 censos, no longo prazo.

Pode-se sublinhar que quando o valor real da probabilidade indutivamente buscada é muito grande ou muito pequena, o raciocínio é mais seguro. Assim, suponha-se que houvesse na realidade uma bola branca em 100 em uma certa urna, e que fôssemos julgar esse número por meio de 100 sorteios. A probabilidade de sortear nenhuma bola branca seria 366/1000; a de sortear uma bola branca seria 370/1000; a de sortear duas seria 185/1000; a de sortear três seria 61/1000; a de sortear quatro seria 15/1000; a de sortear cinco seria 3/1000 etc. Assim, devemos estar toleravelmente certos de não cair no erro de mais de uma bola em 100.

Parece que, então, em certo sentido podemos e em outro não podemos determinar a probabilidade de uma inferência sintética. Quando raciocino desse modo:

Noventa e nove por cento dos cretenses são mentirosos.
Mas Epimenides é um cretense.
Portanto, Epimenides é um mentiroso.

Eu sei que um raciocínio similar a esse iria carregar a verdade 99 vezes em 100. Mas quando raciocino na direção inversa:

Minos, Sarpedon, Rhadamanthus, Deucalion e Epimenides são todos os cretenses sobre os quais posso pensar.

Mas esses todos são mentirosos atrozes.

Portanto, bem pode ser que todos os cretenses sejam mentirosos. De maneira nenhuma eu tenho como saber com que frequência tal raciocínio me levará à verdade. Por outro lado, o que eu sei é que alguma proporção definida de cretenses deve ser de mentirosos, e que provavelmente podemos aproximar-nos de tal proporção por meio de uma indução de cinco ou seis exemplos. Mesmo no pior dos casos da probabilidade de tal inferência, aquela em que cerca de metade dos Cretenses são mentirosos, a proporção assim obtida provavelmente não iria cair num erro maior do que 1/6. Sei esse tanto, mas, então, nesse caso presente a inferência é que bem pode ser que todos os cretenses sejam mentirosos, sem que eu saiba se não pode haver uma improbabilidade especial nisso.

V

Ao final do século passado, Immanuel Kant fez a pergunta: "Como são possíveis juízos sintéticos *a priori*?".⁸ Por juízos sintéticos ele queria dizer aqueles que afirmam fatos positivos e que não são uma mera questão de arranjo; sendo breve, juízos do tipo produzido por raciocínio sintético, e que não podem ser fornecidos pelo raciocínio analítico. Por juízo *a priori* ele queria dizer aqueles tais como o que todos os objetos exteriores se encontram no espaço, todo evento tem uma causa, etc., proposições que, no entender de Kant, nunca podem ser inferidas da experiência. Não tanto por sua resposta à questão, mas pelo mero indagar sobre ela, a filosofia corrente da época foi despedaçada e destruída, e uma nova era de sua história começou. Mas antes de ter feito aquela questão, ele deveria ter feito a pergunta mais geral, "como é possível absolutamente qualquer juízo sintético?". Como é que um homem pode observar um fato e diretamente pronunciar um juízo concernente a outro fato não envolvido no primeiro? Tal raciocínio, como temos visto, não tem uma probabilidade definida, pelo menos no sentido usual da sentença; como, então, isso pode ser adicionado ao nosso conhecimento? Este é um paradoxo estranho. O abade Gratry⁹ diz que é um milagre, e que toda indução verdadeira vem de uma inspiração imediata do alto.¹⁰

---

8 NT.: Cf. Immanuel Kant, *Crítica da razão pura* (1787).
9 NT.: Alphonse Gatry (1805-1872), filósofo e teólogo francês, autor de *Logique* (1856), livro que Peirce se referirá a seguir.
10 *Logique*. O mesmo é verdadeiro, de acordo com ele, para toda performance de uma diferenciação, mas não de integração. Ele não nos diz se é a assistência supranatural que faz o primeiro processo bem como o mais fácil.

Eu respeito essa explicação muito mais do que muitas tentativas pedantes de resolver a questão via algum malabarismo com probabilidades, com as formas do silogismo, ou com outra coisa. Respeito-a porque mostra uma apreciação da profundidade do problema, porque designa uma causa adequada, e porque se conecta intimamente — como qualquer relato verdadeiro deveria fazer — com uma filosofia geral do universo. Ao mesmo tempo, não aceito tal explicação, porque uma explicação deveria dizer como uma coisa é feita, e declarar que se trata de um milagre parece ser um abandono de qualquer esperança de fazê-lo, sem uma justificativa suficiente.

Será interessante ver como a resposta que Kant deu a sua pergunta sobre juízos sintéticos *a priori* aparecerá se estendida à questão dos juízos sintéticos em geral. Aquela resposta é que, juízos sintéticos *a priori* são possíveis porque tudo aquilo que é universalmente verdadeiro está envolvido nas condições da experiência. Apliquemos isso ao raciocínio sintético geral. Eu pego um punhado de feijões de uma sacola, eles todos são roxos, e eu infiro que todos os feijões da sacola são roxos. Como posso fazer isso? Porque o princípio de que tudo aquilo que é verdadeiro em minha experiência (que aqui é a aparência desses diferentes feijões) está envolvido na condição da experiência. A condição dessa experiência especial é que todos os feijões foram retirados daquela sacola. De acordo com o princípio de Kant, então, tudo aquilo que é tido como verdadeiro para todos os feijões sorteados da sacola deve encontrar sua explicação em alguma peculiaridade dos conteúdos da sacola. Este é um modo satisfatório de estabelecer o princípio de indução.

Quando retiramos uma conclusão dedutiva ou analítica, nossa regra de inferência é que fatos de um certo caráter geral são, ou invariavelmente ou em certa proporção, acompanhados por fatos de outro caráter geral. Então sendo nossa premissa um fato da primeira classe, inferimos, com certeza ou com certo grau apropriado de probabilidade, a existência de um fato da segunda classe. Mas a regra para a inferência sintética é de um tipo diferente. Quando temos uma amostra de uma sacola de feijões, de maneira nenhuma assumimos que o fato de que alguns feijões sejam brancos envolve a necessidade, ou mesmo a probabilidade, de que outros feijões assim o sejam. Pelo contrário, o método conceitualista de lidar com probabilidades, que na realidade simplesmente totaliza o tratamento dedutivo delas, quando levado a cabo, resulta que uma inferência sintética tem uma chance equilibrada a seu favor; em outras palavras, é absolutamente sem valor. A cor de um feijão é inteiramente independente da cor de um outro. Mas a inferência sintética se funda sobre uma classificação de fatos, não de acordo com seus caracteres, mas sim de acordo com a maneira pela qual são obtidos. Sua regra é que um montante de fatos obtidos por um dado modo irá, em geral, assemelhar-se mais ou menos com outros fatos obtidos do mesmo modo; ou, *experiências cujas condições são as mesmas terão os mesmos caracteres gerais.*

No primeiro caso, nós sabemos que premissas, com forma precisamente similar àquelas dadas, fornecerão conclusões verdadeiras apenas uma vez em um número calculável de vezes. Para o segundo caso, nós apenas sabemos que premissas obtidas sob circunstâncias similares àquelas dadas (embora talvez premissas bem diferentes) irão fornecer conclusões verdadeiras, pelo menos uma vez em um número calculável de vezes. Nós podemos expressar isso dizendo que, no caso da inferência analítica, sabemos a probabilidade de nossa conclusão (se as premissas forem verdadeiras), mas no caso do raciocínio sintético, nós apenas sabemos o grau de confiabilidade de nosso procedimento. Como todo conhecimento vem da inferência sintética, devemos igualmente inferir que toda certeza humana consiste meramente em nosso ato de saber que o processo originário de nosso conhecimento é tal que deve geralmente levar a conclusões verdadeiras.

Embora uma inferência sintética não possa, de modo algum, reduzir-se a uma dedução, contudo, que a regra da indução manter-se-á boa no longo prazo é coisa que pode ser deduzida do princípio de que a realidade é o objeto da opinião final para a qual uma investigação suficiente levaria. Que a crença tende a gradualmente fixar-se sob a influência da investigação é, na verdade, um dos fatos com os quais a lógica se estabelece.

5
A ordem da natureza

I

Qualquer proposição concernente à ordem da Natureza deve mais ou menos tocar em religião. Em nossos dias, a crença em tais assuntos depende cada vez mais da observação dos fatos. Se se encontrar uma notável e universal ordenação no universo, deve haver alguma causa para tal regularidade e a ciência tem que considerar qual hipótese poderia dar conta do fenômeno. Uma maneira de dar conta disso, certamente, seria supor que o mundo é ordenado por uma força superior. Mas se não há nada na sujeição universal dos fenômenos às leis, e nem no caráter próprio dessas leis (como serem benevolentes, belas, econômicas etc.) que venha a provar a existência de um soberano do universo, dificilmente se pode antecipar que algum outro tipo de evidência será encontrada para influenciar fortemente as mentes emancipadas da tirania da tradição.

Não obstante, não se pode verdadeiramente dizer que uma decisão absolutamente negativa acerca dessa questão pudesse destruir a religião, visto que há tantos tipos de fé, conquanto muito diferentes da nossa, nas quais reconhecemos aqueles caracteres essenciais que as tornam dignas de serem chamadas de religiões e que, não obstante, não postulam uma deidade realmente existente. Por exemplo, há uma religião que tem tido os mais numerosos adeptos, e de modo nenhum os menos inteligentes sobre a Terra, que ensina que a divindade, em sua mais alta perfeição, está fora do mundo, envolta num estado de sono eterno e perfeito, o que realmente não difere da não existência, caso se chame a isso por tal nome ou não. Nenhuma mente sincera que tenha lido os escritos do Sr. Vacherot pode negar que sua religião seja tão honesta quanto poderia ser.[1] Ele venera o perfeito, o ideal supremo; mas concebe que a própria noção de ideal é repugnante à sua real existência. De fato, o Sr. Vacherot acha favorável à sua razão afirmar que a não existência é um caráter essencial do perfeito, assim como Santo Anselmo e Descartes acham favorável à razão deles afirmar o extremo oposto.[2] Eu confesso que há um ponto no qual as duas proposições aparecem, para mim, mais congruentes com a atitude religiosa do que a teologia que se estabelece sobre evidências, pois tão logo a divindade se apresenta a Anselmo ou Vacherot, e manifesta seus gloriosos atributos, seja numa visão noturna ou diurna, esses autores reconhecem seu deus adorável e colocam-se de imediato de joelhos, enquanto os teólogos da evidência primeiramente pedirão que a aparição divina se identifique, e apenas após examinar minuciosamente suas credenciais e pesar as probabilidades de seu ser dentre a totalidade de existências, finalmente prestarão suas circunspectas homenagens, pensando que nenhum caráter pode ser adorável senão aqueles pertencentes a uma coisa real.

Se pudéssemos achar alguma característica geral do universo, algum maneirismo nos modos da natureza, alguma lei aplicável em todo lugar e universalmente válida, tal descoberta forneceria uma tão singular ajuda para nosso raciocínio futuro que mereceria um lugar quase principal nos princípios da lógica. Por outro lado, se se pudesse mostrar que não há nada disso para ser descoberto, senão que toda regularidade passível de descoberta é de escopo limitado, isso novamente teria uma importância lógica. Qual tipo de concepção nós deveríamos ter do universo, como pensar acerca do *conjunto* das coisas, é um problema fundamental na teoria do raciocínio.

---

1 NT.: Etienne Vacherot (1809-1897). Ver *La religion* (1869), livro 2, capítulo 5.
2 NT.: Cf. *As Meditações* de Descartes, onde retoma o argumento de Santo Anselmo sobre a perfeição divina, como modo de afastar a hipótese do gênio maligno e estabelecer a existência de um Deus veraz.

II

Dar conta da formação do sistema solar e do aglomerado de estrelas que formam nossa galáxia, por uma fortuita concorrência de átomos, é uma tarefa legítima dos homens de ciência hoje em dia, assim como foi há dois mil e trezentos anos atrás. O grande expositor dessa teoria, quando perguntado como é que ele podia ter escrito um livro imenso sobre o sistema do mundo sem sequer uma menção a seu autor, replicou, muito logicamente, "*Je n'avais pas besoin de cette hypothèse-là*".[3] Mas, na verdade, não há nada de ateístico na teoria, não mais do que havia na resposta. Supõe-se que a matéria seja composta de moléculas que obedecem as leis da mecânica e exercem certas atrações umas sobre as outras; e é a estas regularidades (das quais não há tentativa de explicação) que o atual arranjo do sistema solar seria devido, e não ao acaso.

Se alguém já manteve que o universo é um puro lance de dados, os teólogos refutaram-no abundantemente. "Quão frequentemente", diz o Arcebispo Tillotson,[4] "um homem poderia, após misturar uma porção de letras numa sacola, jogá-las ao solo de modo que caiam como um poema exato, sim, ou de maneira tal que se faça um bom discurso em prosa! E não poderia um pequeno livro ser tão facilmente feito

---

3 NT.: "Não tenho necessitado dessa hipótese". Reposta anedótica atribuída a Pierre-Simon Laplace (1749-1827) quando indagado por Napoleão Bonaparte sobre o papel de Deus na sua visão da cosmologia.

4 NT.: John Tillotson (1630-1694). A passagem encontra-se em seus *Collected Works* (1820), volume 1, p. 346.

pelo acaso como este grande volume do mundo?". O mundo aleatório, ora mostrado tão diferente daquele em que vivemos, seria um no qual não haveria leis, sendo os caracteres das diferentes coisas inteiramente independentes; de modo que, se uma amostra de qualquer tipo de objetos pudesse alguma vez mostrar um caráter prevalente, isso somente poderia acontecer por acidente, e nenhuma proposição geral poderia ser alguma vez estabelecida. Sejam quais forem as conclusões adicionais que venhamos a ter a respeito da ordem do universo, tão quanto possam ser consideradas como firmemente estabelecidas, de certo que o mundo não é uma mera mistura ao acaso.

Mas trata-se de uma outra questão se o mundo forma um poema exato ou não. Quando olhamos o céu à noite, prontamente percebemos que as estrelas não foram simplesmente atiradas na abóbada celeste; entretanto, tampouco parece haver qualquer sistema preciso em seu arranjo. Seria de valia, por ora, investigar o grau de ordenação no universo; e, para começar, perguntemos se o mundo em que vivemos é muito mais ordenado do que seria um mundo-acaso.

Qualquer uniformidade ou lei da natureza pode ser estabelecida na seguinte forma, "todo A é B"; tal como, todo raio de luz é uma linha não curva, todo corpo é acelerado para o centro da Terra etc. É o mesmo que dizer "não existe qualquer A que não seja B"; não há raio de luz curvo; não há corpo não acelerado para a Terra; de modo que a uniformidade consiste na não ocorrência, na natureza, de uma certa combinação de caracteres (neste caso, a combinação de ser A com ser não B).[5] E, ao contrário, todo caso de não ocorrência de uma combinação de caracteres constituiria uma uniformidade na natureza. Assim, suponha-se que a qualidade A nunca seja encontrada em combinação com a qualidade C; por exemplo, suponha-se que a qualidade de ser idiota nunca é encontrada em combinação com a posse de um cérebro bem desenvolvido. Então, nada do tipo A é do tipo C, ou tudo do tipo A é do

---

5 Para o presente propósito, a negação de um caracter será considerada um caracter tanto quanto o positivo, pois uma uniformidade pode ser ou afirmativa ou negativa. Eu não digo que nenhuma distinção pode ser tirada entre uniformidades positivas e negativas.

tipo não C (ou diga-se, todo o idiota tem um cérebro mal desenvolvido), o que, sendo algo universalmente verdadeiro de A, é uma uniformidade no mundo. Assim vemos que, num mundo onde não há uniformidades, nenhuma combinação logicamente possível estaria excluída, mas toda a combinação existiria em algum objeto. Mas dois objetos não idênticos devem diferir em alguns de seus caracteres, embora possa ser somente no caracter de estar em tal e tal lugar. Destarte, precisamente a mesma combinação de caracteres não poderia ser encontrada em dois objetos diferentes; e, consequentemente, num mundo-acaso toda combinação, envolvendo ou o positivo ou o negativo de todo caracter, pertenceria a apenas uma coisa. Assim, se não houvesse mais do que cinco caracteres simples em tal mundo,[6] poderíamos denominá-los por A, B, C, D, E, e seus negativos por a, b, c, d, e; e então, como haveria 2^5 ou 32 diferentes combinações desses caracteres, completamente determinados uns em relação aos outros, tal mundo teria apenas 32 objetos nele, sendo seus caracteres como os da tabela a seguir:

Tabela 1

ABCDE	AbCDE	aBCDE	abCDE
ABCDe	AbCDe	aBCDe	abCDe
ABCdE	abCdE	aBCdE	abCdE
ABCde	AbCde	aBCde	abCde
ABcDE	AbcDE	aBcDE	abcDE
ABcDe	AbcDe	aBcDe	abcDe
ABcdE	AbcdE	aBcdE	abcdE
ABcde	Abcde	aBcde	abcde

Por exemplo, se os cinco caracteres primários fossem duro, doce, cheiroso, verde, brilhante, haveria um objeto que reuniria todas essas

---

6 Havendo 5 caracteres simples, com seus negativos, eles poderiam ser compostos em várias maneiras, de modo a formar 241 caracteres ao todo, sem contar os caracteres existência e não existência, que formaria 243 ou 3 elevado à quinta potência.

qualidades, um que seria duro, doce, cheiroso e verde, mas não brilhante; um que seria duro, doce, cheiroso e brilhante, mas não verde; um que seria duro, doce, cheiroso, mas nem verde nem brilhante; e assim por diante para todas as combinações.

Assim seria um mundo completamente aleatório, e certamente nada mais sistemático pode ser imaginado. Quando uma porção de letras é misturada numa sacola, a aparência de desordem se deve à circunstância de que o fenômeno é somente parcialmente fortuito. Supõe-se, em tal caso, que as leis do espaço fiquem rigidamente preservadas, e há também um certo grau de regularidade na formação das letras. O resultado é que alguns elementos estão ordenados e outros estão desordenados, o que é precisamente aquilo que nós observamos no mundo real. Tillotson, na passagem em parte já citada, vai adiante ao perguntar, "quanto levaria para que 20 mil homens cegos, enviados das mais remotas partes da Inglaterra, vagando ao léu acabassem por encontrar-se nas Planícies de Salisbury, e formassem fila, dispondo-se exatamente como num exército? E isso é ainda mais fácil de se imaginar do que como inúmeras partes cegas da matéria fariam para por si mesmas marcar o encontro de um Mundo".[7] Isso é bem verdade, mas no mundo real os *homens cegos* não se encontram, até onde posso ver, colocados em nenhuma ordem particular em absoluto. E, sendo breve, embora uma certa quantidade de ordem exista no mundo, parece que o mundo não é tão ordenado como poderia ser e, por exemplo, nem tanto quanto um mundo de puro acaso seria.

Mas nunca alcançamos o fundo dessa questão até que tenhamos em conta um princípio lógico[8] altamente importante, que doravante enuncio. É o princípio segundo o qual qualquer pluralidade ou quantidade de objetos tem algum caracter em comum (por menor que seja) que é peculiar a eles e não compartilhado por nada mais. A palavra "caracter" aqui é tomada num sentido que inclui caracteres negativos, tal como incivilidade, iniquidade etc., bem como seus positivos,

---

7 NT.: *Idem* nota 4.
8 Este princípio foi, creio eu, pela primeira vez estabelecido pelo Sr. De Morgan [*Formal Logic*, p. 39].

civilidade, equidade etc. Para demonstrar o teorema, mostrarei o que os caracteres de duas coisas quaisquer, A e B, têm em comum, e o que não é compartilhado por nenhuma outra coisa. As coisas, A e B, são cada qual distintas das demais por possuírem certos caracteres que podem ser chamados de A-cência e B-cência. Correspondendo a estes caracteres positivos, encontram-se os caracteres negativos in-A-cência, que é possuído por tudo exceto por A, e in-B-cência, que é possuído por tudo exceto por B. Estes dois caracteres estão reunidos em tudo exceto em A e B; e esta união dos caracteres in-A-cência e in-B-cência formam um caracter composto que pode ser chamado de A-B-ausência. Isto não é possuído nem por A nem por B, mas é possuído por tudo mais. Este caracter, tal como qualquer outro, tem seu correspondente negativo in--AB-ausência, e este último é o caracter possuído por ambos A e B, mas por nada mais. É óbvio que o que assim se mostrou verdadeiro para duas coisas, *mutatis mutandis*, vale para qualquer número de coisas. Q.E.D.

Em qualquer que seja o mundo, então, deve haver um caracter peculiar a cada possível grupo de objetos. Se, como questão de nomenclatura, caracteres peculiares ao mesmo grupo forem considerados como somente diferentes aspectos do mesmo caracter, então podemos dizer que haverá precisamente um caracter para cada possível grupo de objetos. Assim, suponha-se um mundo que contenha cinco coisas, α, β, γ, δ, ε. Então, ele teria um caracter separado para cada um dos 31 grupos (com a não existência perfazem 32 ou 2^5) mostrados na tabela seguinte:

Tabela II

	αβ	αβγ	αβγδ	αβγδε
α	αγ	αβδ	αβγε	
β	αδ	αβε	αβδε	
γ	αε	αγδ	αγδε	
δ	βγ	αγε	βγδε	
ε	βδ	αδε		
	βε	βγδ		
	γδ	βγε		
	γε	βδε		
	δε	γδε		

Isso mostra que uma contradição está envolvida na própria ideia de um mundo-acaso, pois num mundo de 32 coisas, ao invés de haver apenas 3^5 ou 243 caracteres, como vimos que a noção de mundo--acaso requer, haveria de fato não menos do que 2^{32}, ou 4.294.967.296 caracteres, os quais não seriam todos independentes, mas teriam todas as possíveis relações uns com os outros.

Além disso, tão logo consideramos os caracteres abstratamente, sem considerar suas importâncias relativas etc., vemos que não há possibilidade de nenhum grau maior ou menor de ordenação no mundo, sendo o sistema inteiro de relações entre diferentes caracteres dados pela mera lógica; isto é, estando implicado naqueles fatos que são tacitamente admitidos tão logo admitamos que há alguma coisa tal como o raciocínio.

Para deixar esse ponto de vista abstrato, é preciso considerar os caracteres das coisas como relativos às percepções e aos poderes ativos dos seres vivos. Ao invés, então, de tentar imaginar um mundo em que não houvesse uniformidades, suponhamos um mundo no qual nenhuma dessas uniformidades fizesse referência a caracteres interessantes ou importantes para nós. Em primeiro lugar, não haveria nada para causar assombro em tal mundo. O pequeno número de qualidades que diretamente tocariam nossos sentidos seria aquele que forneceria a chave para tudo o que poderia nos interessar. O universo inteiro teria um tal ar de sistema e de perfeita regularidade que não haveria nada para inquirir. Em segundo lugar, nenhuma de nossas ações e nenhum evento da natureza teriam consequências importantes em tal mundo. Estaríamos perfeitamente livres de toda responsabilidade, e não haveria mais nada a fazer senão sofrer ou gostar de tudo aquilo que tem nos acontecido. Não haveria nada para estimular ou desenvolver nem nossa mente nem nossa vontade, e consequentemente não agiríamos ou pensaríamos. Nós deveríamos ter memória, porque isso depende de uma lei de nossa organização. Mesmo que tivéssemos sentidos, deveríamos situar-nos no mundo precisamente como os objetos inanimados se situam no mundo atual, dado que nós supomos que tais objetos têm uma consciência absolutamente transitória e instantânea sem memória — uma suposição que é um mero jogo de palavras, porque não se trata absolutamente de consciência. Podemos dizer, então, que um mundo aleatório é simplesmente nosso mundo real quando visto da perspectiva de um animal num ponto perto da ausência de inteligência. O mundo real é quase uma mistura aleatória para a mente de um pólipo. O interesse que as uniformidades da natureza despertam em um animal mede o lugar dele na escala da inteligência.

Assim, nada pode ser feito a partir da ordenação da natureza com relação à existência de Deus, a menos que a existência de uma mente finita prove a existência de uma infinita.

III

No ensaio anterior examinamos a natureza do raciocínio indutivo ou sintético. Descobrimos tratar-se de um processo de amostragem. Toma-se um número de espécimes de uma classe, não por meio de uma seleção dentro de tal classe, mas de maneira randômica. Esses espécimes concordarão em um grande número de aspectos. Se, então, fosse provável que um segundo lote concordasse com o primeiro na maioria desses aspectos, sobre tais considerações poderíamos basear uma inferência a respeito de qualquer um desses caracteres. Mas tal inferência nem seria de natureza indutiva, nem seria válida (exceto em casos especiais) caso a vasta maioria de pontos de concordância da primeira amostra retirada fosse inteiramente acidental, bem como insignificante. Para ilustrar isso, tomei as idades de falecimento dos cinco primeiros poetas mencionados no *Dicionário biográfico* de Wheeler. São eles:

Aagard, 48.
Abeille, 70.
Abulola, 84.
Abunowas, 48.
Accords, 45.

Essas cinco idades têm em comum os seguintes caracteres:
1. A diferença dos dois dígitos que compõem o número, dividida por três, deixa um resto de um.

2. O primeiro dígito elevado à potência do segundo e dividido por três, deixa um resto de um.

3. A soma dos fatores primos de cada idade, incluindo um, é divisível por três.

É fácil notar que o número de concordâncias acidentais desse tipo seria praticamente infindável. Mas suponhamos que, ao invés de considerar um caracter devido a sua prevalência na amostra, designamos um caracter antes de tomar a amostra, selecionando-o por sua importância, obviedade ou outro ponto de interesse. Então, duas amostras consideráveis, tiradas aleatoriamente, muitíssimo provavelmente concordarão com respeito à proporção de ocorrências do caracter escolhido. *A indução é a inferência de que um caracter previamente designado tem aproximadamente a mesma frequência de ocorrência no todo de uma classe da qual foi retirada aleatoriamente uma amostra daquela classe.* Se um caracter não for previamente designado, então uma amostra na qual tal caracter mostra-se prevalente pode apenas servir para sugerir que o caracter *pode ser* prevalente na classe como um todo. Podemos considerar essa conjectura como uma inferência, se quisermos — uma inferência de possibilidade, mas uma segunda amostra deve ser tirada para se testar a questão de se o caracter é realmente prevalente. Ao invés de designar previamente um caracter único em referência ao qual examinaremos a amostra, podemos designar dois, e usar a mesma amostra para designar a frequência relativa de ambos. Serão feitas duas inferências indutivas de uma vez; e, obviamente, estaremos menos certos de que ambas fornecerão conclusões corretas do que poderíamos estar de que uma das duas forneceria uma conclusão correta separadamente. O que é verdadeiro para dois caracteres é verdadeiro para qualquer número limitado. Ora, o número de caracteres que têm algum interesse considerável para nós com referência a qualquer classe de objetos é mais moderado do que se poderia supor. Como estaremos certos de examinar qualquer amostra com referência àqueles caracteres, eles podem ser considerados não exatamente como pré-designados, mas como predeterminados (o que dá no mesmo); e podemos inferir que a amostra representa a classe em todos esses aspectos, se quisermos, recordando apenas que esta inferência não é tão segura quanto poderia ser, se a qualidade particular a ser examinada tivesse sido fixada anteriormente.

A demonstração dessa teoria da indução repousa sobre princípios e segue métodos aceitos por todas aquelas pessoas que exibem, em outros assuntos, o conhecimento particular e a força mental que os qualifica a fazerem tal juízo. A teoria propriamente dita, entretanto, de maneira bastante surpreendente, parece nunca ter ocorrido aos autores que se dedicaram a explicar o raciocínio sintético. A opinião mais disseminada do assunto é uma que foi muito promovida pelo Sr. John Stuart Mill — a saber, que a validade da indução depende da uniformidade da Natureza — isto é, sobre o princípio de que o que ocorreu uma vez, sob um grau suficiente de similaridade das circunstâncias, acontecerá novamente, tão logo as mesmas circunstâncias retornem.[9] A aplicação é esta: o fato de que coisas diferentes pertencem à mesma classe constitui a similaridade de circunstâncias, e a indução é boa, dado que essa similaridade é "suficiente". O que aconteceu uma vez é que se descobriu que certo número dessas coisas possui um certo caracter, o que se pode esperar que aconteça novamente, tão logo as circunstâncias retornem, ou seja, todas as coisas pertencentes à mesma classe deveriam possuir o mesmo caracter.

Essa análise da indução, arrisco-me a pensar, possui várias imperfeições e vale a pena chamar a atenção para algumas delas. Em primeiro lugar, quando ponho minha mão num saco e sorteio um punhado de feijões e, encontrando três quartos deles pretos, infiro que cerca de três quartos de todos da sacola são pretos, esta minha inferência seria obviamente do mesmo tipo se eu tivesse encontrado qualquer proporção maior, ou total, de feijões pretos na amostra, e acabasse assumindo que a amostra representa, nesse respeito, o restante do conteúdo do saco. Mas a análise em questão dificilmente parece adaptada à explicação dessa indução *proporcional*, onde a conclusão, ao invés de ser que um certo

---

9 NT.: Cf. John Stuart Mill (1806-1873), em seu *System of logic* (1843), livro 3, capítulo 3, seção 1.

evento acontece uniformemente sob certas circunstâncias, é precisamente que tal coisa não acontece uniformemente, mas somente acontece em uma certa proporção dos casos. É bem verdade que a amostra inteira pode ser considerada como um objeto único, e a inferência pode ser feita pela fórmula proposta, considerando-se que a conclusão seja que qualquer amostra similar irá mostrar uma proporção similar entre seus constituintes. Mas isso é tratar a indução como se ela repousasse sobre um caso único, o que dá uma ideia bem falsa de sua probabilidade.

Em segundo lugar, se a uniformidade da natureza fosse a única garantia da indução, não teríamos direito algum de proceder indutivamente com relação a um caracter cuja constância nada sabemos. Desse modo, o Sr. Mill diz que, embora apenas cisnes brancos fossem conhecidos pelos europeus durante séculos, ainda assim a inferência de que todos os cisnes são brancos não é "uma boa indução", pois não se sabe se essa cor é um caracter genérico usual (de fato, de modo algum o é). Mas é demonstrável matematicamente que uma inferência indutiva pode ter um alto grau de probabilidade independentemente de qualquer conhecimento antecedente da constância do caracter inferido. Antes de se conhecer que aquela cor não era usualmente um caracter genérico, havia certamente uma possibilidade considerável de que todos os cisnes fossem brancos. Mas o estudo adicional do gênero dos animais levou à indução de sua não uniformidade quanto à cor. Uma aplicação dedutiva dessa proposição geral teria suplantado em muito a probabilidade da brancura universal dos cisnes, antes que as espécies negras fossem descobertas. Quando nada sabemos a respeito da constância ou inconstância geral de um caracter, a aplicação desse conhecimento geral à classe particular da qual qualquer indução diz respeito, embora sirva para aumentar ou diminuir a força da indução, na verdade, é como qualquer aplicação de conhecimento geral a casos particulares, de natureza dedutiva e não indutiva.

Em terceiro lugar, dizer que as induções são verdadeiras porque eventos similares acontecem sob circunstâncias similares — ou, o que é a mesma coisa, porque objetos similares em alguns aspectos provavelmente são similares em outros — significa não ver as condições que são realmente essenciais para a validade das induções. Quando levamos em conta todos os caracteres, qualquer par de objetos se assemelha em tantos particulares quanto qualquer outro par. Se nos limitamos a tais caracteres que têm importância para nós, interesse ou obviedade, então é possível retirar uma conclusão sintética, mas somente sob a condição de que os espécimes, pelos quais julgamos, tenham sido tomados aleatoriamente a partir da classe a respeito da qual formamos um juízo, e não selecionados como pertencentes a alguma subclasse. A indução somente alcança sua força plena quando o caracter de interesse tiver sido designado antes do exame da amostra. Essas coisas são o que há de essencial na indução, e elas não são reconhecidas na atribuição de validade da indução em decorrência da uniformidade da natureza. A explicação da indução por meio da doutrina das probabilidades, formecida nos ensaios anteriores, não é uma mera fórmula metafísica, mas é uma da qual todas as regras do raciocínio sintético podem ser deduzidas sistematicamente e com aval matemático. Mas o relato desse assunto via um princípio da Natureza, mesmo se fosse satisfatório em outros aspectos, apresenta a desvantagem fatal de deixar-nos tão à deriva quanto antes no que diz respeito ao próprio método de indução. Não me surpreende que, por conseguinte, os que adotam tal teoria tenham fornecido regras errôneas para a conduta do raciocínio, nem que a maior parte dos exemplos colocados pelo Sr. Mill em sua primeira edição, como modelos do que a indução deveria ser, provaram-se tão particularmente infelizes, sob a luz do progresso científico, que foram substituídos por outros nas edições posteriores. Alguém teria suposto que o Sr. Mill poderia basear uma indução sobre *tal* circunstância, especialmente quando um dos seus princípios confessos é que, se a conclusão de uma indução torna-se falsa, ela não pode ter sido uma boa indução. Não obstante, nem ele nem nenhum de seus estudiosos parece ter sido levado a suspeitar da solidez perfeita da perspectiva que ele concebeu para garantidamente dar suporte à mente em sua passagem do conhecido ao desconhecido, embora em seu primeiro experimento isso não tenha sido tão bem respondido quanto se esperava.

IV

Quando fazemos qualquer indução estatística — tal como, por exemplo, que metade de todos os nascimentos são de meninos — sempre é possível descobrir, através de uma investigação suficientemente prolongada, uma classe da qual o mesmo predicado pode ser afirmado universalmente; por exemplo, encontrar *que tipos de* nascimentos são de meninos. A verdade desse princípio segue imediatamente do teorema de que há uma característica peculiar a todo grupo possível de objetos. A forma pela qual o princípio é usualmente estabelecido é: que *todo evento deve ter uma causa*.

Mas, conquanto exista uma causa para todo evento e tal causa seja de um tipo passível de ser descoberta, todavia, se nada houver para guiar-nos até a descoberta, se tivermos que caçá-la sem nenhuma dica entre todos os eventos do mundo, se, por exemplo, se pudesse igualmente supor que o sexo de uma criança depende da configuração dos planetas, do que acontece aos antípodas, ou qualquer outra coisa —, então não haveria chance de que tal descoberta algum dia fosse feita.

Que sempre descobrimos as causas precisas das coisas; que qualquer indução, seja ela qual for, não tem exceção absolutamente; tais coisas não temos o direito de assumir. Pelo contrário, a partir do teorema já referido é fácil retirar o corolário de que toda regra empírica tem uma exceção. Mas, dentre nossas induções há algumas que apresentam uma abordagem à universalidade tão extraordinária que, mesmo se supusermos que elas não são verdades estritamente universais, não temos como pensar que elas foram alcançadas por mero acidente. As mais notáveis leis desse tipo são aquelas do *espaço* e *tempo*. No que diz respeito ao espaço, o bispo Berkeley primeiramente mostrou, de maneira bem conclusiva, que o espaço não é uma coisa vista, mas uma coisa inferida.[10] Berkeley principalmente insistiu sobre a impossibilidade de ver a terceira dimensão do espaço, já que a retina do olho é uma superfície. Mas, de fato, a retina não é superfície; é sim um conglomerado de nódulos nervosos direcionados para a luz, sensitivos apenas nos seus pontos extremos, sendo que tais pontos ficam a distâncias consideráveis uns dos outros, quando se compara com suas áreas. Agora, destes pontos, certamente nenhuma excitação isolada pode produzir a percepção de uma superfície e, consequentemente, nem o agregado de todas as sensações pode dar conta disso. Mas subsistem certas relações entre as excitações de diferentes pontos nervosos e tais relações constituem as premissas sobre as quais a hipótese do espaço se funda, sendo disso que se infere o espaço. Que o espaço não é imediatamente percebido é coisa universalmente admitida atualmente, e uma cognição mediadora é o que se chama de uma inferência, e tudo isso se sujeita ao criticismo da lógica. Mas, o que diremos sobre o fato de que todas as galinhas estão chocando a resolução de problemas cujos dados são de uma tal complexidade a ponto de testar o maior dos poderes matemáticos? Seria insano negar que a tendência para a luz numa concepção do espaço é inata nas mentes das galinhas e nas de todos os animais. A mesma coisa vale igualmente para o tempo. É evidente que o tempo não é diretamente percebido, já que nenhum lapso de tempo é presente e somente percebemos o que é presente. Provavelmente também se admitirá que, não tendo a ideia de tempo, deveríamos sempre ser capazes de perceber o fluxo de nossas sensações mesmo sem alguma aptidão específica para isso. A ideia de força — ao menos em seus rudimentos — é outra concepção tão cedo admitida, e encontrada em animais tão rudimentares na escala da inteligência, que deve ser suposta como inata. Mas o inatismo de uma ideia admite graus, pois consiste na tendência dessa ideia de se

---

10 NT.: Cf. George Berkeley (1685-1753), em seu *Theory of vision* (1709), seções 2 e 3.

apresentar à mente. Algumas ideias, tal como a de espaço, apresentam-se irresistivelmente na própria aurora da inteligência e tomam conta da mente mediante um estímulo mínimo, enquanto outras concepções que possuímos, na verdade de antemão, mas não tão fortemente, penetram em uma escala largamente estendida. A tendência para personificar todas as coisas e atribuir-lhes caracteres humanos pode ser dita inata, mas é uma tendência logo suplantada pelo homem civilizado, no que diz respeito à maior parte dos objetos. Tome-se uma concepção tal como aquela da gravitação variando inversamente com o quadrado da distância. É uma lei bem simples. Mas dizer que ela é simples significa meramente dizer que a mente está particularmente adaptada a apreendê-la com facilidade. Suponha-se que a ideia de uma quantidade elevada ao quadrado não fosse tão fácil para a mente quanto a ideia de uma quantidade multiplicada por outra — teríamos descoberto a lei do sistema solar?

Parece incontestável, por conseguinte, que a mente do homem é fortemente adaptada à compreensão do mundo; ao menos, tanto quanto parece, que certas concepções, altamente importantes para tal compreensão, surgem naturalmente na mente humana; e, sem uma tal tendência, a mente nunca teria tido absolutamente nenhum desenvolvimento.

Como explicar essa adaptação? A grande utilidade e indispensabilidade das concepções de tempo, espaço e força, mesmo para as inteligências mais inferiores, sugere que sejam resultados da seleção natural. Destituído de algo como as concepções geométricas, cinéticas e mecânicas, nenhum animal poderia coletar seu alimento ou fazer o necessário para a preservação da espécie. Ele poderia, é verdade, possuir um instinto que teria geralmente o mesmo efeito; isso é dizer, ele poderia ter concepções diferentes de tempo, espaço e força, mas que coincidam com aquelas no que diz respeito aos casos ordinários da experiência do animal. Mas, como aquele animal teria uma imensa vantagem na luta pela sobrevivência, ao possuir concepções mecânicas que não se esfacelam diante de uma situação nova (tal como o desenvolvimento deve ocasionar), haveria uma seleção constante em favor das ideias corretas acerca dessas questões. Assim se obteria o conhecimento das leis fundamentais sobre as quais todas as ciências se desenvolvem; a saber, que as forças dependem de relações de tempo, espaço e massa. Quando esta ideia se tornasse suficientemente clara, não se requereria mais do que um grau compreensível de genialidade para descobrir a natureza exata dessas relações. Uma tal hipótese sugere-se naturalmente a si mesma, mas deve-se admitir que isso não é o bastante para dar conta da extraordinária precisão com que tais concepções aplicam-se aos fenômenos da natureza, e é provável que aqui haja algum segredo que está para ser descoberto.

V

Algumas importantes questões de lógica dependem de considerarmos o universo material como sendo de extensão limitada e idade finita, ou de o considerarmos como completamente irrestrito no espaço e no tempo. No primeiro caso, é concebível que um plano ou projeto geral abarcando todo o universo viesse a ser encontrado e seria conveniente ficar alerta para alguns traços dessa unidade. Para o segundo caso, já que a porção do mundo da qual temos alguma experiência é menor do que uma fração ínfima assinalável, segue-se que nós nunca poderíamos descobrir nenhum *padrão* no universo, exceto uma repetição; então, discernir qualquer projeto abarcando todo o universo estaria para além de nossas forças, e também para além do poder vindo de uma união dos poderes de todos os intelectos. Ora, aquilo que é absolutamente impossível de ser conhecido é, como vimos no ensaio anterior, algo absolutamente irreal. Uma existência absolutamente incognoscível é uma sentença absurda. Se, portanto, o universo é infinito, torna-se completamente fútil a tentativa de encontrar qualquer plano geral do universo e envolveria uma maneira falsa de olhar a questão. Se o universo nunca tiver tido qualquer início e se o mundo se estica no espaço além de qualquer limite, não há o todo das coisas materiais e consequentemente não há caracter geral do universo, nem carência ou possibilidade de qualquer governante do universo. Mas se houve um tempo anterior ao qual nenhuma matéria absolutamente existiu, se houver certos limites absolutos para a região das coisas, para além dos quais nada mais há senão vazio, então nós naturalmente procuramos uma explicação para isso e, já que não podemos procurar tal explicação nas coisas materiais, a hipótese de um enorme animal desencarnado, o criador e governante do mundo, torna-se bastante natural.

O estado real das evidências acerca da limitação do universo é o seguinte: quanto ao tempo, encontramos em nossa Terra um constante progresso de desenvolvimento desde quando o planeta era uma bola vermelha quente; o sistema solar parece ter resultado da condensação de uma nebulosa e o processo aparenta estar continuando a acontecer. Algumas vezes vemos estrelas (presumivelmente com sistemas em volta) aniquiladas e aparentemente levadas de volta à condição de nebulosas, mas não temos evidências de qualquer existência de mundos anteriores ao estágio de nebulosa, a partir do qual parecem ter se desenvolvido. Tudo isso mais favorece a ideia de um começo do que qualquer outra coisa. Quanto aos limites no espaço, não podemos ter certeza de que vemos algo fora da Via Láctea. Portanto, intelectos com predileções teológicas não têm nenhuma necessidade de distorcer os fatos para reconciliá-los com suas próprias visões.

No entanto, a única pressuposição científica é que as partes desconhecidas do espaço e do tempo são parecidas com as conhecidas, ocupadas; que, assim como vemos ciclos de vida e morte em todos os desenvolvimentos cujas trajetórias podemos traçar até o fim, o mesmo vale no que diz respeito aos sistemas solares; que como distâncias enormes separam os distintos planetas de nosso sistema solar, em relação aos seus diâmetros, e distâncias ainda maiores separam nosso sistema dos outros sistemas, então se pode supor que outras formações galácticas existam, tão remotas que não são reconhecidas com certeza. Não digo que essas induções são fortes, apenas digo que são suposições que, em face de nossa ignorância dos fatos, deveriam ser preferidas em detrimento de hipóteses que envolvem concepções de coisas e ocorrências totalmente diferentes, em seus caracteres, daquilo que temos tido alguma experiência, tal como espíritos desencarnados, criação da matéria, infrações das leis da mecânica etc.

Dever-se-ia presumir que o universo seja tão vasto a ponto de possuir qualquer caracter. Quando se clama que os arranjos da natureza são benevolentes, ou justos, ou sábios, ou qualquer outra qualidade peculiar, deveríamos ficar precavidos contra tais opiniões, pois são a prole de uma mal-fundada noção de finitude do mundo. E a investigação até agora mostrou que tal benevolência justiça, etc., são no máximo de tipo limitado — limitadas em grau e limitadas em escopo.

De maneira semelhante, se alguém reivindicar ter descoberto um plano na estrutura dos seres organizados, ou um esquema na classificação deles, ou um arranjo regular entre os objetos naturais, ou um sistema de proporcionalidade da forma humana, ou uma ordem de desenvolvimento, ou uma correspondência entre as conjunções dos planetas e os eventos humanos, ou um significado nos números, ou uma chave para os sonhos, a primeira coisa que temos que perguntar é se tais relações são passíveis de explicação a partir de princípios mecânicos e se elas não deveriam ser olhadas com preconceito por já possuírem em si mesmas uma forte suposição contra tais princípios; aliás, a investigação tem geralmente destruído todas essas teorias.

Há mentes para as quais todos preconceitos, todas suposições, parecem injustos. É fácil dizer que mentes são essas. São aquelas pessoas que nunca souberam o que é fazer uma indução bem baseada, e que imaginam que o conhecimento dos outros é tão nebuloso quanto o seu próprio. Que a ciência desenvolve-se sobre suposições (não de tipo formal, mas real) não é um argumento para elas, porque elas não conseguem imaginar que haja algo de sólido no conhecimento humano. São pessoas que desperdiçam tempo e dinheiro em questões acerca do moto-perpétuo e demais tolices.

Mas há mentes mais preparadas, que se ocupam com teorias místicas (quero dizer aquelas que não têm possibilidade de serem mecanicamente explicadas). Tais pessoas predispõem-se fortemente a favor dessas teorias. Todos nós temos tendências naturais a acreditar em tais coisas, nossa educação frequentemente reforça essa tendência, e o resultado é que para muitas mentes nada parece ser mais antecedentemente provável do que teorias desse tipo. Tais pessoas encontram evidências suficientes em favor de suas visões e, na ausência de qualquer lógica reconhecida da indução, não têm como dirigir tais crenças.

Mas para a mente de um físico deveria haver fortes indícios contra todas as teorias místicas; e, por conseguinte, parece-me que os homens de ciência que procuraram mostrar que a ciência não é hostil à teologia não têm sido tão clarividentes quanto seus oponentes.

Seria extravagante dizer que a ciência, atualmente, tem como desaprovar a religião, mas me parece que o espírito da ciência é hostil a qualquer religião, exceto a uma tal como a do Sr. Vacherot. Nossos catedráticos dizem-nos que o budismo é uma fé miserável e ateística, destituída dos mais gloriosos e necessários atributos de uma religião, que seus sacerdotes não têm utilidade para a agricultura quando rezam por chuva, tampouco para a guerra ao ordenar que o Sol permaneça imóvel. Também escutamos os reclamos daqueles que avisam que perturbar a crença geral em deus perturbaria a moral, pública e privada. Isso, também, deve ser admitido; tal revolução do pensamento não poderia deixar de ser acompanhada de desolação e ruína, assim como um bosque não pode ser transferido para um novo lugar, conquanto saudável, sem que as árvores sofram por um tempo, e sem que muitas delas morram. Nem se deve presumir, a propósito, que um homem tomaria parte de um movimento que possui possíveis questões ateísticas sem tomar conselhos sérios e adequados com respeito à responsabilidade desse ato. Mas, permita-se que as consequências de tal fé sejam tão terríveis quanto possam ser, uma coisa é certa: que o estado dos fatos, seja qual for, certamente será alcançado e nenhuma prudência humana pode deter o carro triunfal da verdade — não, nem que a descoberta fosse tal que levasse ao suicídio de cada um dos indivíduos de nossa raça.

Mas seria tolo supor que alguma teoria metafísica referente ao modo de ser do perfeito sirva para destruir aquela aspiração em direção ao perfeito, que constitui a essência da religião. É verdade que, se os sacerdotes de qualquer forma particular de religião conseguirem que se acredite que a religião não pode existir sem a aceitação de certas fórmulas, ou se obtiverem sucesso nisso ao entremear certos dogmas com a religião popular, de modo que as pessoas não vejam nenhuma analogia essencial entre uma religião que aceita esses pontos de fé e outra que os rejeita, o resultado pode bem ser uma rendição daqueles que não têm como acreditar que tais coisas sejam irreligiosas. Tampouco podemos esperar que representantes de algum corpo sacerdotal devam considerar a si mesmos como melhores professores de religião em geral do que o sistema particular de teologia advogado por sua própria facção. Mas nenhum homem precisa ser excluído da participação nos sentimentos comuns, nem da expressão pública deles, tal como se encontra aberta a todos a laicidade, por causa da estreiteza não filosófica dos que guardam os mistérios da veneração. Estarei eu impedido de juntar-me à alegria comum frente à revelação dos iluminadores princípios da religião, que celebramos na Páscoa e no Natal, porque penso que certas ideias científicas, lógicas e metafísicas, as quais tenho misturado com tais princípios, são insustentáveis? Não; assim proceder seria estimar que tais erros tenham mais consequências do que a verdade — uma opinião que poucos admitiriam. É raro encontrar pessoas que não acreditam naquilo em que realmente consistem os princípios do Cristianismo, e todas as pessoas, senão essas poucas, deveriam sentir-se em casa nas igrejas.

6
Dedução, indução e hipótese

I

A principal ocupação de um lógico é classificar argumentos, pois todo exame depende evidentemente de classificação. As classes dos lógicos são definidas por certas formas típicas chamadas silogismos. Por exemplo, o silogismo chamado *Barbara* é como segue:

S é M; M é P:
Portanto, S é P.

Ou, colocando palavras no lugar de letras:

Enoque e Elias foram homens; todos os homens morrem:
Portanto, Enoque e Elias devem ter morrido.

O "é P" dos lógicos representa qualquer verbo, ativo ou neutro. É passível de prova estrita (entretanto, não irei importar o leitor com isso) que todos os argumentos, sejam quais forem, podem ser colocados nessa forma [de um *Barbara*]; mas somente sob a condição de que o *é* deva significar "é para os propósitos do argumento" ou "é representado por". Nessa forma, então, uma indução parecerá algo similar a:

Estes feijões são dois terços brancos.
Mas, os feijões nesta sacola são (representados por) estes feijões.
Portanto, os feijões da sacola são dois terços brancos.

Entretanto, porque toda infererência pode ser reduzida de algum modo ao *Barbara*, não segue que uma tal forma seja a mais apropriada para representar todos os tipos de inferência. Ao contrário, para mostrar os caracteres distintivos de diferentes tipos de inferência, estas devem ser exibidas claramente em formas diferentes, peculiares a cada uma. O *Barbara* tipifica particularmente o raciocínio dedutivo, e tão logo o *é* seja tomado literalmente, nenhum raciocínio indutivo pode ser posto em uma tal forma. *Barbara* é, de fato, nada mais do que a aplicação de uma regra. A assim chamada premissa maior dispõe essa regra; como, por exemplo, *Todos os homens são mortais*. A outra premissa, a menor, estabelece um caso sob a regra; como, *Enoque era homem*. A conclusão aplica a regra ao caso e estabelece o resultado: *Enoque é mortal*. Todas as deduções têm esse caráter; são meramente a aplicação de regras gerais a casos particulares. Algumas vezes isso não é tão evidente, como no caso seguinte:

Todos os quadrângulos são figuras.
Mas nenhum triângulo é um quadrângulo.
Portanto, algumas figuras não são triângulos.

Mas aqui o raciocínio é realmente o seguinte:

Regra — Todo quadrângulo é outra coisa do que um triângulo.
Caso — Algumas figuras são quadrângulos.
Resultado — Algumas figuras não são triângulos.

O raciocínio indutivo, ou sintético, sendo algo mais do que a mera aplicação de uma regra geral a um caso particular, nunca pode ser reduzido [propriamente] a essa forma.

Se, de uma sacola de feijões cuja proporção de 2/3 brancos nós conhecemos, tomamos um ao acaso, trata-se de uma inferência dedutiva que este feijão é provavelmente branco, sendo a probabilidade de 2/3. Com efeito, temos o seguinte silogismo:

Regra — Os feijões nesta sacola são 2/3 brancos.

Caso — Este feijão foi sorteado de tal maneira que, no longo prazo, o número relativo de feijões brancos assim sorteados seria igual ao número relativo na sacola.

Resultado — Este feijão foi sorteado de tal maneira que, no longo prazo, ele seria branco em 2/3 das vezes.

Se, ao invés de sortear um feijão apenas, tomássemos um punhado de feijões ao acaso e concluíssemos que cerca de 2/3 do punhado são provavelmente brancos, o raciocínio seria o mesmo. Se, entretanto, sem conhecer que proporção de feijões brancos há na sacola, tomamos um punhado ao acaso e, encontrando 2/3 brancos nesse punhado, concluímos que aproximadamente 2/3 dos feijões da sacola são brancos, nós estamos invertendo a sequência dedutiva usual e estamos concluindo uma regra a partir da observação de um resultado em um certo caso. Isso é particularmente claro quando todo o punhado aparece com uma só cor. A indução então é:

    Estes feijões estavam na sacola.
    Estes feijões são brancos.
    Portanto, todos os feijões da sacola são brancos.

O que nada mais é do que a inversão do silogismo dedutivo.

    Regra — Todos os feijões da sacola são brancos.
    Caso — Estes feijões estavam na sacola.
    Resultado — Estes feijões são brancos.

De modo que a indução é a inferência de uma *regra* a partir do *caso* e do *resultado*.

Mas essa não é a única maneira de inverter um silogismo dedutivo de modo a produzir uma inferência sintética. Suponha-se que eu entre numa sala e lá encontre um certo número de sacolas contendo diferentes tipos de feijões. Sobre a mesa há um punhado de feijões brancos; e, após procurar, descubro que uma das sacolas contém apenas feijões brancos. De imediato, infiro como uma probabilidade, ou como uma aposta justa, que esse punhado foi tomado daquela determinada sacola. Tal tipo de inferência é chamada de *fazer uma hipótese*. É a inferência do *caso* a partir da *regra* e do *resultado*. Temos, então:

Dedução

Regra — Todos os feijões desta sacola são brancos.
Caso — Estes feijões são desta sacola.
Resultado — Estes feijões são brancos.

Indução

Caso — Estes feijões são desta sacola.
Resultado — Estes feijões são brancos.
Regra — Todos os feijões desta sacola são brancos.

Hipótese

Regra — Todos os feijões desta sacola são brancos.
Resultado — Estes feijões são brancos.
Caso — Estes feijões são desta sacola.

Desse modo, classificamos todas as inferências da seguinte maneira:

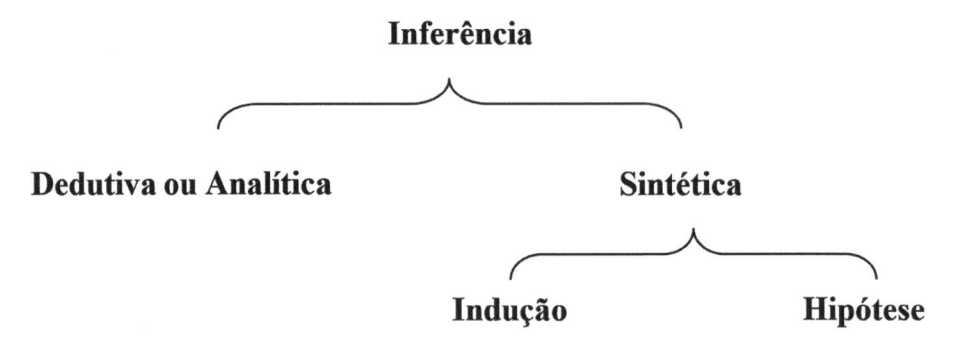

Inferência

Dedutiva ou Analítica   **Sintética**

Indução   **Hipótese**

Na indução, generalizamos a partir de um número de casos nos quais algo é verdade e inferimos que a mesma coisa é verdade para uma classe inteira. Ou, quando encontramos uma certa coisa verdadeira numa certa proporção de casos, daí inferimos que isso é verdadeiro, na mesma proporção, para a classe inteira. Hipótese é quando encontramos uma circunstância muito curiosa que poderia ser explicada pela suposição de que se trata de um caso de uma certa regra geral e, destarte, adotamos tal suposição. Ou, quando percebemos que em certos aspectos duas coisas possuem uma forte semelhança e daí inferimos que elas assemelham-se fortemente em outros aspectos.

Certa vez aportei numa província da Turquia[1] e, quando me dirigia à casa que ia visitar, deparei-me com um homem a cavalo, acompanhado por outros quatro cavaleiros que sustentavam um dossel sobre sua cabeça. Como o governador da província era a única pessoa, que eu poderia imaginar, merecedora de tamanha honra, inferi que seria ele. Isto foi uma hipótese.

São achados fósseis cujos, digamos, restos mortais se parecem aos de peixes, mas foram encontrados bem no interior do país. Para explicar o fenômeno, supomos que o mar alguma vez banhou tais paragens. Esta é mais uma hipótese.

Inúmeros documentos e monumentos referem-se a um conquistador chamado Napoleão Bonaparte. Embora nunca tenhamos visto o homem, não temos como explicar o que vemos, a saber, todos os documentos e monumentos, senão supondo que ele realmente existiu. Hipótese de novo.

Como regra geral, a hipótese é um tipo de argumento fraco. Com frequência, ela inclina tão fracamente nosso juízo em direção à conclusão que não podemos dizer se acreditamos que tal conclusão seja verdadeira; apenas podemos conjecturar que isso pode ser assim. Mas, exceto por uma questão de grau, não há diferença entre uma tal inferência e aquelas pelas quais somos levados a acreditar que recordamos as ocorrências do dia anterior a partir de nossas sensações atuais.

---

1 NT.: Isso aconteceu em virtude das investigações de Peirce no campo da astronomia, quando procurava lugares para observar um eclipse total do Sol que ocorreria em Dezembro de 1870.

II

Além da maneira ora apontada de inversão de um silogismo dedutivo, há uma outra maneira de se produzir uma indução ou uma hipótese. Se da verdade de uma certa premissa seguisse necessariamente a verdade de uma certa conclusão, então a partir da falsidade da conclusão seguiria a falsidade da premissa. Assim, tome-se o seguinte silogismo em *Barbara*:

Regra — Todos homens são mortais.
Caso — Enoque e Elias eram homens.
Resultado — Enoque e Elias eram mortais.

Agora, uma pessoa que nega tal resultado pode aquiescer com a regra, e, nesse caso, deve negar o caso. Assim:

Negação do Resultado — Enoque e Elias não eram mortais.
Regra — Todos os homens são mortais.
Negação do Caso — Enoque e Elias não eram homens.

Este tipo de silogismo é chamado de *Baroco*, que é o modo típico da segunda figura. Por outro lado, a pessoa que nega o resultado pode ainda aceitar o caso, e nessa circunstância deve então negar a regra. Assim:

Negação do Resultado — Enoque e Elias não eram mortais.
Caso — Enoque e Elias eram homens.
Negação da Regra — Alguns homens não são mortais.

Este tipo de silogismo é chamado de *Bocardo*, que é o modo típico da terceira figura.

Baroco e *Bocardo* são, certamente, silogismos dedutivos, mas o são de um tipo muito particular. Eles são chamados pelos lógicos de modos indiretos, porque necessitam de alguma transformação para aparecerem como a aplicação de uma regra a um caso particular. Mas se, ao invés de dispô-los como feito aqui como uma dedução necessária em *Barbara*, tomamos uma dedução provável numa forma similar, os modos indiretos que iremos obter serão:

Correspondendo a *Baroco*, uma hipótese;

E, correspondendo a *Bocardo*, uma indução.

Por exemplo, comecemos com a seguinte dedução provável em *Barbara*:

Regra — A maioria dos feijões nesta sacola são brancos.
Caso — Este punhado de feijões é desta sacola.
Resultado — Provavelmente, a maioria dos feijões deste punhado são brancos.

Agora, neguemos a conclusão enquanto aceitamos a regra:

Negação do Resultado — Poucos feijões deste punhado são brancos.
Regra — A maioria dos feijões nesta sacola são brancos.
Negação do Caso — Provavelmente, estes feijões são de uma outra sacola.

Esta é uma inferência hipotética. Em seguida, neguemos o resultado enquanto aceitamos o caso:

Negação do Resultado — Poucos feijões deste punhado são brancos.
Caso — Estes feijões vieram dessa sacola.
Negação da Regra — Provavelmente, poucos feijões dessa sacolas são brancos.

Isto é uma indução.

Tal relação exibida entre os raciocínios sintético e dedutivo não deixa de ter sua importância. Quando adotamos uma hipótese, não é apenas porque ela iria explicar os fatos observados, mas também porque a hipótese contrária provavelmente levaria a resultados contrários aos observados.

Assim, quando fazemos uma indução, ela é feita não apenas porque explica a distribuição de caracteres na amostra, mas também porque uma regra diferente teria levado a uma amostra distinta da que investigamos.

Mas podemos facilmente superestimar a vantagem desse [segundo] modo de considerar o assunto. Uma indução é na verdade a inferência de uma regra, e considerá-la como a negação de uma regra é uma concepção artificial, admissível apenas porque, quando se consideram como regras proposições estatísticas ou proporcionais, a negação de uma regra é ela mesma uma regra. Assim, uma hipótese é na verdade a submissão de um caso sob uma classe e não sob a negação desta, exceto quando negar a submissão a uma certa classe significar admitir a submissão a uma outra.

Bocardo pode ser considerado como uma indução, mas tão tímida que quase perde inteiramente seu caracter ampliativo. Enoque e Elias são espécimes de um certo tipo de homens. E todos os homens desse tipo, em virtude daqueles exemplares, aparecem como imortais. Mas ao invés de audaciosamente concluirmos que todos os homens pios, ou todos os favoritos do Todo-Poderoso etc., são imortais, nós nos abstemos de especificar a descrição [da classe] dos homens e ficamos na mera inferência explicativa de que *alguns* homens são imortais. Assim, *Baroco* pode ser considerado como uma hipótese muito tímida. Enoque e Elias não são mortais. Agora, poderíamos audaciosamente supor que eles são deuses ou algo do tipo, mas, ao invés disso, nos limitamos à inferência de que eles são de alguma natureza distinta daquela de homem.

Mas, no final, há uma imensa diferença entre a relação de *Baroco* e *Bocardo* com *Barbara*, e da indução e hipótese com a dedução. *Baroco* e *Bocardo* baseiam-se no fato de que se a verdade da conclusão segue necessariamente da verdade das premissas, então a falsidade da premissa segue da falsidade da conclusão. Isto é sempre verdade. [Mas] é diferente quando a inferência é apenas provável. De modo algum segue que, porque a verdade de uma certa premissa tornaria provável a verdade de uma conclusão, por conseguinte a falsidade da conclusão torna provável a falsidade da premissa. Pelo menos, isso é verdadeiro somente quando, como visto num dos artigos anteriores, a palavra provável é usada num sentido no antecedente e em outro sentido no consequente.

III

Um pedaço de papel rasgado contém um escrito anônimo. Suspeita-se que o autor seja uma certa pessoa. Vasculha-se a escrivaninha dessa pessoa, à qual somente ela tinha acesso, e encontra-se um outro pedaço cuja borda, em todas suas irregularidades, combina perfeitamente com o [primeiro] papel em questão. É uma justa inferência hipotética a de que tal pessoa seja verdadeiramente o autor. A base para essa inferência é que, evidentemente, é extremamente improvável que dois papéis rasgados combinem-se por mero acidente. Por conseguinte, de um grande número de inferências desse tipo, apenas uma pequena proporção falhará. A analogia entre hipótese e indução é tão forte que alguns lógicos as têm confundido. A hipótese tem sido chamada de uma indução de características. Um número de características pertencentes a uma certa classe é encontrado num certo objeto; destarte infere-se que todas as características daquela classe pertencem ao objeto em questão. De certo isso envolve o mesmo princípio de uma indução, todavia em uma forma modificada. Em primeiro lugar, as características não são susceptíveis de simples enumeração como são os objetos, em segundo, características recaem em categorias. Quando fazemos uma hipótese como aquela do pedaço de papel, somente examinamos uma linha singular de características, ou talvez duas ou três, e de modo algum tomamos exemplares de outras. Se a hipótese nada mais fosse do que uma indução, tudo o que poderia ser justificado como conclusão, no exemplo anterior, seria que dois pedaços de papel, que se correspondem nas irregularidades observadas, haveriam de corresponder em outras irregularidades mais ligeiras, por assim dizer. A inferência sobre a autoria [*ownership*] a partir da forma do papel é precisamente o que distingue a hipótese da indução e faz dela um passo mais ousado e arriscado.

As mesmas advertências instadas contra imaginar que a indução repousa sobre a uniformidade da natureza podem ser repetidas no que concerne à hipótese. Aqui, como lá, tal teoria não só falha completamente ao justificar a validade da inferência, mas também dá lugar a métodos absolutamente viciosos na condução da inferência. Existem, indubitavelmente, certas uniformidades na natureza, e o conhecimento acerca delas fortalecerá sobremaneira uma hipótese. Por exemplo, supomos que no Sol existe ferro, titânio e outros metais, porque encontramos no espectro solar muitas linhas coincidentes em posição com as que seriam produzidas por esses metais, e essa hipótese é muito fortalecida por nosso conhecimento da notável singularidade [*distinctiveness*] da linha particular de características observadas. Mas tal fortalecimento da hipótese é de tipo dedutivo e a hipótese pode continuar a ser provável enquanto falta tal reforçamento.

Na lógica prática, não há equívoco maior, nem mais frequente, do que supor que coisas fortemente assemelhadas entre si em alguns aspectos sejam como que mais possivelmente iguais em outros. Isso é absolutamente falso e admite demonstração rígida, mas, na medida em que o raciocínio é um tanto severo e complicado (requerendo para seguir adiante, como em todos tais raciocínios, o uso de A, B, C etc.), o leitor provavelmente achará isso detestável, então omito-o. Entretanto, um exemplo pode ilustrar a proposição: os mitologistas comparativos se ocupam em achar pontos de semelhança entre os fenômenos solares e as carreiras dos heróis das histórias tradicionais, e com base em tais semelhanças eles inferem que esses heróis são personificações [*impersonations*] do Sol. Se há alguma coisa a mais nos raciocínios deles, para mim isso nunca ficou claro. Para mostrar quão fútil é isso tudo, um lógico engenhoso escreveu um pequeno livro no qual fingiu provar, pela mesma maneira, que Napoleão Bonaparte é apenas uma personificação do Sol. Foi realmente maravilhoso ver quantos pontos de semelhança foram estabelecidos. A verdade é que, se semelhanças recônditas são admitidas, quaisquer duas coisas assemelham-se uma à outra tão fortemente quanto quaisquer duas outras. Mas, a fim de que o processo de produção de uma hipótese leve a um resultado provável, as seguintes regras devem ser seguidas:

1. A hipótese deveria ser distintamente colocada em termos de uma questão, antes mesmo de serem feitas observações que testam sua verdade. Em outras palavras, devemos tentar ver quais serão os resultados das predições da hipótese.
2. Os aspectos em virtude dos quais as similitudes são notadas devem ser tomados aleatoriamente. Não devemos tomar apenas um tipo particular de predições para as quais a hipótese é reconhecidamente boa.
3. As falhas, bem como os sucessos das predições, devem ser honestamente notados. O procedimento como um todo deve ser honesto e sem viés.

Algumas pessoas imaginam que vieses e contravieses favoreçam a extração da verdade — que um debate quente e partidário seja a via para se investigar. Esta é a teoria de nossos atrozes procedimentos legais. Mas a lógica "passa por cima" de tal suposição. A lógica inapelavelmente demonstra que o conhecimento só é incentivado por um desejo real de conhecer, e que absolutamente não há valor nos métodos da teimosia, da autoridade ou em qualquer outro modo de se tentar chegar a uma conclusão antecipada. Há provas para tanto. O leitor está livre para pensar assim, ou não, na medida em que tal prova não é apresentada, ou na medida em que ele evitar examiná-la. Destarte, se quiser, o leitor pode preservar sua liberdade de opinião a respeito das proposições da geometria, só que, nesse ínterim, caso esteja aberto à leitura de Euclides, seria bom pular todos os A, B, C, etc., que encontrar, pois, se ler atentamente esse assunto desagradável, a liberdade de sua opinião sobre a geometria, infelizmente, pode perder-se para sempre.

Quantas pessoas existem incapazes de colocar a seguinte questão para suas próprias consciências: "desejo eu conhecer como ficam os fatos, ou não?".

Regras tais como as que até agora têm sido postas para a indução e a hipótese são absolutamente essenciais. Há muitas outras máximas, extremamente valiosas e que não deveriam ser negligenciadas, que expressam expedientes particulares para fortalecer inferências sintéticas. Tais são, por exemplo, os quatro métodos do Sr. Mill.[2] Não obstante, ainda que haja uma total negligência delas, induções e hipóteses podem e muitas vezes conseguem alcançar a maior das forças.

---

2 NT.: Cf. *Logic* de J. S. Mill, os quatro métodos são os do acordo, da diferença, dos resíduos e das variações concomitantes.

IV

Dificilmente existem classificações perfeitamente satisfatórias para todos os casos. Até mesmo no que concerne à grande distinção entre inferências explicativas e ampliativas, podemos encontrar exemplos que parecem estar no limite entre essas duas classes e, em alguns aspectos, compartilhar as características de ambas. A mesma coisa é verdade para a distinção entre indução e hipótese. No que é principal, essa distinção é ampla e clara. Pela indução, concluímos que fatos, similares a [outros] fatos observados, são verdadeiros em casos não observados. Pela hipótese, concluímos a existência de um fato completamente diferente de qualquer outra coisa observada, a partir do qual, de acordo com leis conhecidas, algo observado iria necessariamente resultar. A primeira é o raciocínio dos particulares à lei geral, a segunda, do efeito à causa. A primeira classifica, a segunda explica. Somente em alguns casos especiais é que pode haver algo mais do que uma dúvida momentânea com relação a qual categoria pertence uma dada inferência. Uma exceção acontece quando observamos, ao invés de fatos similares sob circunstâncias similares, fatos diferentes sob circunstâncias diferentes — as diferenças da primeira [circunstância] possuindo, entretanto, uma relação definida com as diferenças da segunda. Tais inferências, que são na realidade induções, algumas vezes apresentam ao menos algumas indubitáveis semelhanças com hipóteses.

Sabendo que a água expande-se com o calor, fazemos uma série de observações sobre o volume de uma massa constante de água em diferentes temperaturas. O escrutínio de umas poucas observações dessa ordem sugere a forma de uma fórmula algébrica que aproximadamente expressa a relação entre o volume e a temperatura. Pode ser que, por exemplo, sendo v o volume relativo, essas poucas observações examinadas indiquem uma relação com a seguinte forma:

$$v = 1 + at + bt^2 + ct^3$$

Com base no exame de observações em outras temperaturas, tomadas aleatoriamente, tal ideia é confirmada; e tiramos daí a conclusão indutiva de que, dentro dos limites de temperatura nos quais as nossas observações foram feitas, todas as demais observações poderiam ser igualmente assim satisfeitas. Uma vez averiguado que tal fórmula é possível, é uma mera questão de aritmética encontrar os valores de a, b e c que farão a fórmula melhor satisfazer as observações. Isto é o que os físicos chamam de uma *fórmula empírica*, porque repousa sobre mera indução e não se explica por nenhuma hipótese.

Essas fórmulas, conquanto muito úteis como meios de descrever os resultados de observações em termos generalizados, não têm qualquer lugar de destaque entre as descobertas científicas. A indução que elas incorporam, como aquela da expansão da água pelo calor (ou qualquer outro fenômeno a esse referido) acontecendo sem saltos súbitos ou inúmeráveis flutuações, de uma maneira perfeitamente gradual, embora seja realmente importante não atrai atenção, porque é naturalmente aquilo que antecipávamos. Mas as falhas de tais expressões são muito graves. Em primeiro lugar, na medida em que as observações estão sujeitas a erros e, como todas observações estão, não se pode esperar que a fórmula satisfaça exatamente as observações. Tampouco as discrepâncias podem ser devidas unicamente aos erros de observação, mas devem parcialmente pertencer ao erro da fómula que foi deduzida de observações errôneas. Ademais, caso os fatos reais pudessem estar livres de erro, [ainda] não temos o direito de supor que eles possam ser expressos por uma tal fórmula absolutamente. Eles podem, talvez, ser expressos por uma fórmula similar com um número infinito de termos, mas qual seria o uso disso para nós, já que se requereria um número infinito de termos a serem escritos? Quando uma quantidade varia em função de uma outra, se os valores correspondentes são conhecidos exatamente, é uma mera questão de habilidade matemática encontrar algum modo de expressar suas relações de uma maneira simples. Se uma quantidade é de um tipo — digamos, uma gravidade específica — e uma outra é de outro tipo — digamos, uma temperatura — nós não desejamos encontrar uma expressão para elas que esteja completamente livre de constantes numéricas, pois se assim fosse, quando estivessem em questão, digamos, a gravidade específica da água e a temperatura expressa por um termômetro em centígrados, [então] quando a escala de medida fosse alterada, mais números teriam que ser introduzidos. Entretanto, podemos e desejamos encontrar expressões das relações dos fenômenos físicos que não contenham mais números arbitrários do que requeridas pelas mudanças das escalas de medida.

Quando uma fórmula é descoberta, não mais a chamamos de uma fórmula empírica, mas sim de uma lei da natureza, e, mais cedo ou mais tarde, edifica-se a base de uma hipótese que a explique. Essas fórmulas simples raramente, se alguma vez, são exatamente verdadeiras, mas nem por isso deixam de ser importantes. O grande triunfo de uma hipótese acontece quando ela explica não somente a fórmula, mas também os desvios em relação à fórmula. Na linguagem corrente dos físicos, uma hipótese com essa importância é chamada de teoria, enquanto que o termo hipótese se restringe às opiniões que possuem pouca evidência a seu favor. Há alguma justiça no desdém ligado à palavra hipótese. É uma vã fantasia pensar que nós podemos extrair de nossas mentes uma preconcepção verdadeira de como a natureza age. Como bem disse o Lorde Bacon: "a sutileza da natureza excede em muito a sutileza dos sentidos e do intelecto; de modo que essas sutis meditações, especulações e raciocínios dos homens são um tipo de insanidade, só que não há ninguém por perto que note isso".[3] As teorias de sucesso não são puros palpites, mas são guiadas por razões.

---

3 NT.: Em *Novum Organum*, livro 1, capítulo 8.

A teoria cinética dos gases é um bom exemplo disso. Essa teoria pretende explicar uma certa fórmula simples, cujo centro é a chamada lei de Boyle.[4] Isto é, se houver ar ou qualquer outro gás colocado num cilindro com um pistão, e se seu volume for medido sob a pressão de uma atmosfera, digamos quinze libras por polegada quadrada, e se então outras quinze libras por polegada quadrada forem postas sobre o pistão, o gás irá se comprimir até a metade do seu volume, e numa razão inversa similar para outras pressões. A hipótese que tem sido adotada para explicar essa lei é que as moléculas do gás são pequenas partículas sólidas com grande distância entre si (em relação a suas dimensões), movendo-se a grandes velocidades, sem consideráveis atrações ou repulsões, até que lhes acontece aproximarem-se muito umas das outras. Admitido isso, segue então que, quando o gás está sob pressão, o que evita o colapso [do sistema] não é a incompressibilidade das moléculas separadas, que não estariam sob pressão absolutamente, já que elas não se tocam, mas sim o golpear delas contra o pistão. Quanto mais o pistão desce, e quanto mais se comprime o gás, mais juntas e próximas as moléculas estarão; quanto mais delas houver dentro de uma dada distância do pistão, menor será a distância que qualquer uma percorrerá antes que seu curso seja mudado pela influência de uma outra, e maior o número de cursos novos percorridos em um intervalo de tempo, e mais frequentemente as moléculas irão chocar-se contra o pistão dentro de uma dada distância. Isso explica a lei de Boyle. A lei não é exata, mas a hipótese não nos leva a ela de maneira exata. Pois, em primeiro lugar, se as moléculas forem grandes, elas irão se chocar mais frequentemente umas às outras quando suas distâncias médias diminuírem e, em consequência mais frequentemente se chocarão com o pistão, e produzirão cada vez mais pressão sobre ele. Por outro lado, se as moléculas tiverem uma atração entre si, elas irão permanecer sob influência mútua por um tempo considerável e, consequentemente, não irão colidir com a parede tantas vezes como no caso contrário, e então a pressão seria menos aumentada pela compressão.

---

4 NT.: Robert Boyle (1627-1691), pensador britânico dedicado à filosofia da natureza. A chamada lei de Boyle consiste na observação empírica de que em qualquer temperatura, o volume de uma dada massa de gás varia inversamente em relação à pressão.

Quando a teoria cinética dos gases foi proposta pela primeira vez, por Daniel Bernoulli,[5] em 1738, ela se baseava apenas na lei de Boyle e era, portanto, uma pura hipótese. Por isso foi, merecida e naturalmente, um tanto negada. Mas, atualmente, a teoria apresenta um outro aspecto em absoluto, pois, sem mencionar o número considerável de diferentes tipos de fatos observados que a ela têm sido relacionados, trata-se de uma teoria que recebe suporte da teoria mecânica do calor. Que a evolução do calor acompanha [o processo de] juntar corpos que se atraem ou separar corpos que se repelem, quando nenhum movimento sensível é produzido ou destruído, isso é pouco mais do que uma indução. Agora, os experimentos têm mostrado que, quando permite-se que um gás se expanda sem produzir trabalho, uma bem pequena parcela de calor desaparece. Isso prova que as partículas do gás atraem-se levemente, mas bem levemente. Segue que, quando o gás está sob pressão, o que previne o colapso [do sistema] não é a repulsão entre partículas, haja vista não haver nenhuma. Só que há somente duas formas de força por nós conhecidas, forças de posição, ou atração e repulsão, e forças de movimento. Por consequência, já que não é a força de posição que dá ao gás sua força de expansão, então deve ser a força de movimento que o faz. Nessa perspectiva, a teoria cinética dos gases aparece como uma dedução da teoria mecânica do calor. Vale observar, entretanto, que se supõem que as mesmas leis da mecânica (que há apenas dois tipos de forças) sustentam tanto o caso dos corpos que podemos ver e examinar, quanto aqueles que são em muito diferentes, as moléculas dos corpos. Tal suposição tem apenas um apoio limitado da indução. Nossa crença se fortalece, em larga medida, por suas conexões com a lei de Boyle, portanto é para ser considerada como uma inferência hipotética. Ainda, deve-se admitir que a teoria cinética dos gases merecia pouco crédito, se não tivesse sido conectada aos princípios da mecânica.

A grande diferença entre indução e hipótese é que a primeira infere a existência de um fenômeno tal como temos observado em casos similares,

---

5 NT.: Daniel Bernoulli (1700-1782), pensador holandês de interesses bem variados. No décimo capítulo de seu livro *Hydrodinamica* (1738), ele discute questões que anteciparam em quase cem anos aquilo que se chamaria mais tarde de teoria cinética dos gases.

enquanto a hipótese supõe alguma coisa de um tipo diferente daqueles que diretamente observamos e, frequentemente, trata-se de algo que para nós seria impossível observar diretamente. Com efeito, quando forçamos uma indução para além dos limites de nossa observação, essa inferência partilha a natureza da hipótese. Seria absurdo dizer que não temos garantias indutivas para generalizações que se estendem um pouco adiante dos limites da experiência e que não há linha para além da qual nós avançamos nossa inferência; ela apenas vai ficando mais fraca quanto mais adiante vai. Além disso, se uma indução for impelida para muito longe, não podemos dar-lhe muito crédito, pelo menos até descobrir que uma tal extrapolação explica algo que podemos observar de fato. Aqui, então, temos um tipo de mistura de indução com hipótese, apoiando-se mutuamente; a maioria das teorias da física são desse tipo.

V

Não há como questionar que as inferências sintéticas possam ser divididas em indução e hipótese, da maneira aqui proposta.⁶ E a utilidade e o valor dessa distinção se testam pelas suas aplicações.

A indução é, evidentemente, um tipo de inferência muito mais forte do que a hipótese e esta é a primeira razão para distingui-las. Algumas vezes, as hipóteses são consideradas como estações provisórias [*provisional resorts*] a serem substituídas por induções conforme a ciência progride. Mas isso é uma visão falsa do assunto. O raciocínio hipotético, muito frequentemente, infere um fato impossível de ser observado diretamente. É uma hipótese importante a de que Napoleão Bonaparte existiu algum dia. Como é que tal hipótese vem a ser substituída por uma indução? Pode-se alegar que da premissa de que fatos tais como os observados seriam como o são, caso Napoleão existisse, [então] inferimos por indução que daqui para frente *todos* os fatos a serem observados serão do mesmo caráter. Não há dúvida de que toda inferência hipotética pode ser distorcida dessa maneira, de modo a ficar com a aparência de uma indução. Mas a essência da indução é que ela infere um conjunto de fatos a partir de um outro conjunto de fatos similares, enquanto as hipóteses inferem fatos de um tipo a partir de fatos de outro tipo. Agora, os fatos que servem como base para nossa crença na realidade histórica de Napoleão não são, de maneira

---

6 Esta divisão foi feita pela primeira vez durante palestras do autor junto ao *Lowell Institute*, em Boston, em 1866, sendo publicado nos *Procedings of the American Academy of Arts and Sciences*, em 9 de Abril de 1867.

alguma, necessariamente o único tipo de fatos explicados pela existência dele. Pode ser que, na época de sua carreira, os eventos estivessem sendo gravados de algum modo sequer sonhado, [por exemplo] que uma engenhosa criatura num planeta vizinho estivesse fotogrando a Terra e que essas fotografias, numa escala suficientemente grande, caíssem em nosso poder, ou que um espelho numa estrela distante, quando a luz batesse nele, refletisse de volta toda história da Terra. Não importa quão improvável essas suposições sejam, tudo que acontece é infinitamente improvável. Não digo que *estas* coisas são prováveis de acontecer, mas sim que *alguns* efeitos da existência de Napoleão, que por ora parecem impossíveis, certamente estão para serem trazidos à tona. A hipótese assevera que tais fatos, quando ocorrerem, serão da natureza de uma confirmação da existência do homem e não uma refutação disso. Temos então, na impossibilidade de indutivamente inferir conclusões hipotéticas, uma segunda razão para distinguir entre esses dois tipos de inferência.

Um terceiro mérito da distinção é que ela está associada com uma importante diferença psicológica, ou mais fisiológica, no modo como apreendemos os fatos. A indução infere uma regra. Ora, a crença numa regra é um hábito. Que um hábito é uma regra ativa em nós, isso é evidente. Que toda crença é da natureza de um hábito, na medida em que isso é de caráter geral, trata-se de uma coisa mostrada nos ensaios anteriores desta série. Portanto, a indução é a fórmula lógica que expressa o processo fisiológico da formação de um hábito. Já a hipótese substitui um complicado emaranhado de predicados ligados a um assunto por uma concepção singular. Então, há um sentimento peculiar pertencente ao ato de pensar que cada um desses predicados inerem ao assunto. Na inferência hipotética, esse sentimento complicado assim produzido é substituído por um sentimento singular de grande intensidade, pertencente ao ato de pensar a conclusão hipotética. Quando nosso sistema nervoso é excitado de uma maneira complicada, havendo uma relação entre os elementos da excitação, o resultado é um distúrbio harmonioso singular, ao qual eu chamo de emoção. Assim, os vários sons produzidos pelos instrumentos de uma orquestra adentram os ouvidos e o resultado é uma emoção musical peculiar, completamente distinta dos sons propriamente ditos. Esta emoção é essencialmente a mesma coisa que uma inferência hipotética, e toda inferência hipotética envolve a formação de uma tal emoção. Podemos dizer, portanto, que a hipótese produz o elemento *sensual* do pensamento, e a indução o elemento *habitual*. Com relação à dedução, que não adiciona nada às premissas, mas que dos vários fatos representados nelas somente seleciona e dá atenção a um deles, pode ser considerada como a fórmula lógica do prestar atenção, que é o elemento *volicional* do pensamento e corresponde à descarga nervosa na esfera da fisiologia.

Outro mérito da distinção entre indução e hipótese é que ela leva a uma classificação muito natural das ciências e das mentes dos cientistas. O que mais separa diferentes tipos de homens de ciência, mais do que qualquer outra coisa, são as diferenças em suas *técnicas*. Não esperamos que homens que trabalham principalmente com livros tenham muito em comum com aqueles que passam suas vidas em laboratórios. Mas, depois das diferenças desse tipo, as diferenças mais importantes são aquelas nos modos de raciocínio. Nas ciências naturais temos, em primeiro lugar, as ciências classificatórias, que são puramente indutivas — botânica e zoologia sistemáticas, mineralogia e química. A seguir, temos as ciências de teorias, como as anteriormente expostas — astronomia, física pura etc. E então as ciências de hipóteses — geologia, biologia etc.

Há muitas outras vantagens na distinção em questão, as quais eu deixarei o leitor encontrar por sua própria experiência. Se somente tiver o costume de considerar se uma dada inferência pertence a um ou a outro tipo de inferências sintéticas, como as fornecidas nas páginas anteriores, prometo que ele encontrará vantagens nisso de várias maneiras.

Referências bibliográficas

Introdução

AYER, A. J. *The Origins of Pragmatism: Studies in the philosophy of Charles Sanders Peirce and William James*. Londres: MacMillan Press, 1999 [1968].

DESCARTES, R. "Meditações". Trad. de E. Corvisieri. *Descartes*. São Paulo: Editora Nova Cultural, 1999 [1641], p. 233-234. (Coleção Os Pensadores).

EISELE, C.; PEIRCE, C. S. *In*: GILLISPIE, C. C. (Ed.). *Dictionary of scientific biography*. Vol. 9. Nova Iorque: Charles Scribner's Sons, 1981, p. 482-488.

GILLISPIE, C. C. (Ed.). *Dictionary of scientific biography*. Vol. 10. Nova Iorque: Charles Scribner's Sons, 1981.

HAACK, S. "Quanto àquela frase 'estudando com espírito literário...'". *In*: PINTO, P. R. M. *et al*. (Org.). *Filosofia analítica, pragmatismo e ciência*. Belo Horizonte: Editora UFMG, 1998, p. 40-70.

_____. *Defending science – within reason: between scientism and cynism*. Nova Iorque: Prometheus Books, 2003.

HACKING, I. *The taming of chance*. Nova Iorque: Cambridge University Press, 1990.

HAUSMAN, C. R. *Charles Sanders Peirce's evolutionary philosophy*. Cambridge, MA: Cambridge University Press, 1993.

HOUSER, N. (Ed.). *The Essential Peirce: Selected philosophical writings (1893-1913)*. Vol. 2 . Bloomington: Indiana University Press, 1998 [1903].

HOUSER, N.; KLOESEL, C. (Orgs.). *The essential Peirce: Selected philosophical writings*. Bloomington: Indiana University Press, 1992.

HUME, D. *Investigação acerca do entendimento humano*. Trad. de A. Aiex. São Paulo: Editora Nova Cultural, 2000 [1748], p. 17-154. (Coleção Os Pensadores).

HUSSERL, E. *Meditações cartesianas: Introdução à fenomenologia*. Trad. de F. de Oliveira. São Paulo: Madras Editora, 2001.

IBRI, I. A. *Kósmos, noetós: A arquitetura metafísica de Charles S. Peirce*. São Paulo: Perspectiva, 1992.

JAMES, W. "Philosophical conceptions and practical results". *In*: MYERS, G. E. (Org.). *William James Writings 1878-1899*. Nova Iorque: The Library of America, 1992 [1898], p. 1077-1097.

KANT, I. *Crítica da Razão Pura*. Trad. de V. Rohden e U. B. Moosburger. São Paulo: Editora Nova Cultural, 1999 [1781]. (Coleção os Pensadores).

KINOUCHI, R. R. "Peirce, para bem ou para mal, para além de Descartes". *Scientiae Studia*, 2, 4, p. 579-586, 2004. (Resenha de Santaella, 2004, *O método anticartesiano de C. S. Peirce*).

KUKLICK, B. *The rise of American philosophy*. New Haven: Yale University, 1977

LACEY, H. *Valores e atividade científica*. São Paulo: Discurso Editorial/FAPESP, 1998.

MAGALHÃES, T. C. "Sobre a percepção e a abdução: Charles S. Peirce e a uberdade da abdução". *In*: PINTO, P. R. M. *et al.* (Org.). *Filosofia analítica, pragmatismo e ciência*. Belo Horizonte: Editora UFMG, 1998, p. 71-80.

MENAND, L. *The metaphysical club: A story of ideas in America*. Nova Iorque: Farrar, Straus & Giroux, 2001.

MISAK, C. (Org.). *The Cambridge companion to Peirce*. Nova Iorque: Cambridge University Press, 2004.

MYERS, G. E. (Org.). *William James Writings 1878-1899*. Nova Iorque: The Library of America, 1992 [1898].

PEIRCE, C. S. "The doctrine of necessity examined". *In*: HOUSER, N. & KLOESEl, C. (Orgs.). *The essential Peirce*. Vol. 1. Bloomington: Indiana University Press, 1992 [1892], p. 298-311.

_____. "The categories defended". *In*: HOUSER, N. (Ed.). *The Essential Peirce: Selected philosophical writings (1893-1913)*. Vol. 2. Bloomington: Indiana University Press, 1998 [1903], p. 160-178.

_____. *Tríades*. Trad. de Neto, J. T. C. São Paulo: Perspectiva, 2000 [1885], p. 9-18. (Coleção Estudos: Semiótica).

_____. *O Que é o Pragmatismo*. Trad. de Neto, J. T. C. São Paulo: Perspectiva, 2000 [1905], p. 283-299. (Coleção Estudos: Semiótica).

PEIRCE, C. S.; JASTROW, J. "On small differences in sensation". Originalmente publicado em *Memoirs of the National Academy of Sciences*, 3, p. 73-83, 1885.

PINTO, P. R. M. *et al.* (Org.). *Filosofia analítica, pragmatismo e ciência*. Belo Horizonte: Editora UFMG, 1998, p. 71-80.

POPPER, K. *The logic of scientific discovery*. Nova Iorque: Basic Books, 1959.

_____. *O universo aberto: Pós-escrito à lógica da descoberta científica*. Trad. de Nuno F. da Fonseca. Lisboa: Publicações Dom Quixote, 1988.

RORTY, R. "Pragmatism without method". *In: Objectivity, relativism and truth*. Nova Iorque: Cambridge University Press, 1991.

SANTAELLA, L. *A teoria geral dos signos*. São Paulo: Editora Pioneira, 2000.

_____. *O Método anticartesiano de C. S. Peirce*. São Paulo: Editora Unesp, 2004.

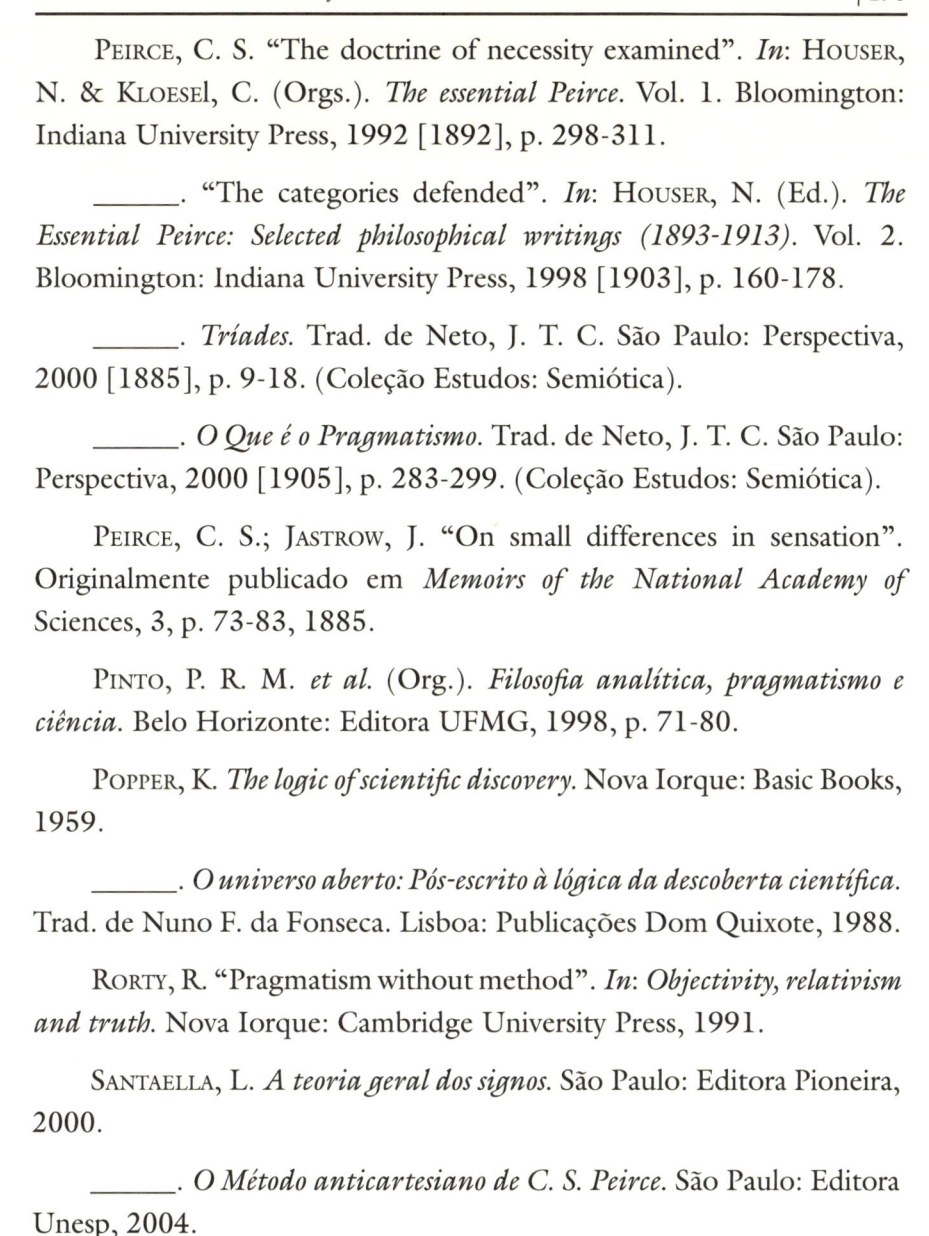

SHOOK, J. R. *Os pioneiros do pragmatismo*. Trad. de F. M. Said. Rio de Janeiro: DP&A Editora, 2002.

Esta obra foi composta em CTcP
Capa: Supremo 250g – Miolo: Pólen Soft 80g
Impressão e acabamento
Gráfica e Editora Santuário